新・現代障害者福祉論

鈴木 勉・田中智子
［編著］

法律文化社

はじめに

　近年，障害者・家族をめぐって社会や政治が大きく動いている。
　戦後長らく旧優生保護法を根拠に強制不妊手術を受けさせられた当事者が，国を相手に損害賠償訴訟を起こしている。国は，議員立法により被害者に一時金を支給する法律を成立させたが，それでも国からの謝罪は不十分ということで，訴訟に立ち上がった。また，家族もハンセン病の隔離政策の被害者だということで，国への損害賠償請求を起こし，家族への賠償を命じた判決が出た。原告になった当事者の一人の方は，ハンセン病を患った親と長い間別居をしたまま幼少期を過ごし，その後同居するようになったが，親子の間には違和感がぬぐいきれなかったと語る。
　長い期間苦しんでこられた当事者や家族が，この問題をなかったことにしてはいけない，同じ悲劇を繰り返してはいけないという後世への思いを込めて，世に問うために立ち上がられたのだと思う。
　これら一連の出来事をめぐって思うのは，いつも当事者や家族は，その時々の施策や社会の価値観によって，分断され，対立させられ，混乱させられているということである。これは障害そのものに起因するものではなく，そのことを社会がどのように受けとめてきたのかということに規定される障害者問題であるという把握の視点に立つと，誰一人，傍観者であることは許されない。
　障害者の権利条約の制定過程において，"Nothing about us without us" というスローガンが多くの共感を生んだ。具体的には，政策過程への当事者参加を促すものであるが，これは社会の仕組みや政策立案過程において，当事者の経験を出発点にしようという呼びかけであるともいえよう。それを可能にするためには，当事者の側に社会的な発信者としての主体形成の機会が保障されること，もう一方で社会の側の当事者の発信を受けとめるための享受能力を高めることが不可欠である。つまり"語れる当事者"と"受けとめる社会"の両側からの準備が必要となるのである。私たちは，その実現をめざす取り組みを行ってきた社会福祉実践のありように敬意を表し，そこから多くを学びながら，理論的枠組みの構築をめざすものである。

一方で，社会を見渡してみるとより深刻な分断が進行していることを実感する。経済階層の二極化は一層進行し，自己・家族責任を強化するような言説が流布し政策のなかに盛り込まれ，多くの人々に生活のしづらさ，生きづらさが共有される時代となった。障害がある，あるいは家族に障害者がいるということは，誰にとっても予期せぬ偶発的な事象であるにもかかわらず，現在の社会において，生活問題を引き起こすリスクを大いに高めることとなる。言い換えると，障害者（家族）は貧困に陥るリスクの高い社会的集団のひとつである。

　障害者問題に立ち向かうときに，生活問題を引き起こす社会的構造を含め物事の本質を見極め，自分の立ち位置を定め，周囲の者との連帯を強めることが重要となる。本書が，最近の専門職養成の過程で軽視されがちな，歴史や理念の成立背景などに多くの頁をあて，実践現場からの報告と重ね合わせたのも，障害者福祉に関する概説というよりは今日的な課題を理解するためのガイドとなることができればという思いからである。

　本書は，3部構成をとっている。第Ⅰ部は，社会福祉士の国家試験対応もふまえ，障害者問題の発生要因，基本的理念の成立過程，障害者福祉の歴史的変遷，障害概念，現行制度における実情と課題など，基本的理念や基礎的知識の習得を目的とする学習内容となっている。

　第Ⅱ部は，ノーマライゼーションの具現化としてより実践的課題を提起することを目的とし，住まい，仕事，余暇という3拠点を中心に，それらを権利として把握する視点と現状，そこを支える専門性について整理を行った。

　第Ⅲ部は，障害者と家族のライフサイクルにおける生活問題について，それを生じさせる社会構造と実状，社会的支援の視点について提示を行った。現在の障害者福祉制度においては，様々な事業に細分化され，対象者像や事業内容も異なり，ともすれば制度に規定された業務内容の範囲でしか障害者や家族の生活を把握せずに，生活や人生が時期的，時間的に断続的なものとなってしまうことが危惧される。しかし，当然のことであるが，障害者や家族の生活は連続的なものとして存在する。だからこそ，そこに仕事として関わる専門職にとっては時間的，期間的に区切られたものであっても，生活や人生のバトンをつなぐという視点をもって，それらを相対的に捉える視点が必要となると考え

たからである。

　加えて，第Ⅱ部，第Ⅲ部では，理論的な話だけではなく，実践報告として実際に障害者福祉実践に従事している専門職からも寄稿していただいた。いずれも非常にすぐれた実践報告であり，本書に書かれた理論の出発点を示すとともにその裏づけをしていただいたことに感謝している。常に，実践から学び，実践と理論の往復関係のなかで理論構築を試みたいという思いを抱く編者たちにとっては，まさに共同研究者の方々である。

　また，本書においては，障害のある人のことを特段の事情がない限りは，「障害者」という表記を行った。「障害」という言葉がもつ当事者にとっては不本意な意味合いは理解しつつも，国の基本的な法律においては「障害」という表記が維持されていること，他の表現を用いることで問題の捉えが歪むことを懸念したためである。よって，執筆者において障害者については，persons with disabilities は共通認識としてある。

　本書は，障害者福祉を学ぼうとする学生，さらには現在，すでに障害者福祉実践に関わっている人たちに活用されることを願っている。そして，私たちの提起する障害者問題の把握について，忌憚のないご意見を寄せていただけることを期待するものである。

　　2019年8月

田中智子

目　次

はじめに

第Ⅰ部　障害者問題と障害者福祉

第1章　現代社会と障害者問題 …… 3
1　障害者問題とは何か　3
2　障害者問題を発生させる経済メカニズムとしての資本主義　5
3　なぜ障害者は排除されるのか
　　――市民革命期の「能力に基づく平等」論のパラドックス　8
4　資本主義の発展と障害者「対策」の展開　9

第2章　障害者福祉制度の成立根拠 …… 14
1　障害者福祉の成立根拠　14
2　障害者観の転換と平等回復　17
3　福祉の実現とは何か　20

第3章　ノーマライゼーションの生成と発展 …… 26
■「障害者権利条約」への途
1　障害者とは「通常の人間的ニーズを満たすのに特別の困難をもつ
　　普通の市民」　26
2　ノーマライゼーション理念の生成と展開　28
3　ノーマライゼーションに含まれる2つの要素　32
4　実質的平等をどのように回復するか　34
5　「障害のある人の権利条約」が構想する平等回復措置　36

第4章　全人間的復権としてのリハビリテーション …… 41
1　リハビリテーションとは何か　41
2　リハビリテーション概念の変遷　42
3　第二次世界大戦後のリハビリテーションの展開　45

4　全人間的復権の理念の新しい発展——ADL自立からQOL自立へ　49

第5章　障害概念の検討と日本における障害の法的定義の問題点……52
　　1　障害とは何か　52
　　2　ICFの活用　59
　　3　日本における障害の法的定義の特徴とその課題　64

第6章　日本における戦後の障害者運動と障害者施策の展開……73
　　1　第1期(戦後〜1940年代)：戦後処理と社会福祉の勃興　73
　　2　第2期(高度経済成長期1950〜60年代)：
　　　　対象者の拡大と基本的人権をめぐる闘い　76
　　3　第3期(1970年代)：人間としての基本的活動の保障　78
　　4　第4期(1980年代)：社会生活の拡大——「生活の3拠点」の保障　81
　　5　第5期(1990年代以降)：社会福祉基礎構造改革による
　　　　福祉サービスの商品化と家族の当事者性の表れ　83

第7章　障害者総合支援法の概要と生活課題……89
　　1　障害者総合支援法の概要　89
　　2　障害者自立支援法訴訟と「骨格提言」　94
　　3　障害者総合支援法と生活課題　101

第Ⅱ部
障害者の生きる権利と社会福祉援助

第8章　人間発達と「生活の3拠点」……109
　　1　ノーマルな暮らしの条件としての「3つの生活の場」　109
　　2　生活の3つの拠点と生活圏の構造　110

第9章　"暮らす"権利と社会福祉援助……114
　　現代における障害者の"暮らす"権利　114
　▶"暮らす"権利を保障する社会福祉実践　123
　　高齢期を迎えても自由な暮らしがしたいAさんの支援……伊藤成康

第10章 "働く"権利と社会福祉援助 ………………………… 128
　　現代における障害者の"働く"権利　128
　　▶"働く"権利を保障する社会福祉実践　133
　　　地域と福祉と行政が連携し、「リフレかやの里」の再生をめざす
　　　　　　　　　　　　　　　　　　　　　　　　　　……青木一博

第11章 "余暇"の権利と社会福祉援助 ………………………… 138
　　現代における障害者の"余暇"の権利　138
　　▶"余暇"の権利を保障する社会福祉実践　145
　　　放課後活動の仲間と楽しみながら成長する成人グループ「ひかり」の活動
　　　　　　　　　　　　　　　　　　　　　　　　　　……近藤すみ子

第12章 社会福祉事業実践と公的責任 ………………………… 150
　　　■人間発達に適合的な福祉供給主体像の探求
　　1　規制緩和と福祉供給主体の多元化　150
　　2　福祉サービスの特質と供給主体像——提供者と利用者の共同性の視点から　152
　　3　わが国の障害者福祉領域における非営利事業組織——共同作業所運動　153
　　4　イタリア社会的協同組合の成立と発展　157
　　5　イタリア社会的協同組合のミッションと組織構成上の特徴　159

第Ⅲ部
障害者・家族の生活問題と社会福祉援助の専門性

第13章　障害者・家族のライフサイクルと社会的支援 ……… 163
　　1　はじめに：障害者と家族の位置関係をめぐる議論　163
　　2　障害者・家族の生活問題を引き起こす社会的背景　164
　　3　障害者・家族のライフサイクルの特徴と生活問題　166
　　4　障害者・家族のライフサイクルにおける生活課題と支援ニーズ　168
　　5　障害者・家族に対する社会的支援のあり方　176
　　▶ライフサイクルを見通した社会的支援の実際　179
　　(1)　障害をもつ乳幼児の保護者の現実と願い　　　　……井上美樹
　　　　——子どもと保護者の伴走者として
　　(2)　障害者の自立と家族の現状——青年期から高齢期へ　……平野美佐子

第14章　障害者福祉実践における専門職の役割と専門性 …… 189
　　1　障害福祉専門職の仕事の特質　　190
　　2　障害者福祉専門職に求められる専門性　　193
　▶障害者福祉専門職の実践と成長　　197
　　専門職とは"自分の気づきをほりさげ，共有化し，集団化すること"
　　　　　　　　　　　　　　　　　　　　　　　……大田哲嗣

あとがき

【編著者】

鈴木　勉（すずき　つとむ）　佛教大学名誉教授　　　　　　1～4章, 5章1・2, 8章, 10章, 12章

田中　智子（たなか　ともこ）　佛教大学社会福祉学部教授　　　　5章3, 6章, 9章, 13章, 14章

【執筆者】

塩見　洋介（しおみ　ようすけ）　特定非営利活動法人大阪障害者センター　　　　7章

伊藤　成康（いとう　しげやす）　社会福祉法人さつき福祉会グループホーム事務局　　9章(実践)

青木　一博（あおき　かずひろ）　社会福祉法人よさのうみ福祉会法人本部　　　　10章(実践)

丸山　啓史（まるやま　けいし）　京都教育大学発達障害学科准教授　　　　11章

近藤すみ子（こんどう　すみこ）　元NPO法人わんぱくクラブ育成会　　　　11章(実践)

井上　美樹（いのうえ　みき）　社会福祉法人京都総合福祉協会児童発達支援センターポッポ
　　　　　　　　　　　　　　　　　　　　　　　　　　　　　　　13章(実践:児童期)

平野美佐子（ひらの　みさこ）　社会福祉法人信貴福祉会　　　　13章(実践:成人期)

大田　哲嗣（おおた　てつじ）　社会福祉法人ゆたか福祉会　ゆたか生活支援事業所尾張　管理者
　　　　　　　　　　　　　　　　　　　　　　　　　　　　　　　14章(実践)

第Ⅰ部

障害者問題と障害者福祉

第Ⅰ部　障害者問題と障害者福祉／第1章

現代社会と障害者問題

1 | 障害者問題とは何か

　障害者問題とは何か，それをどのように捉えたらよいのであろうか。また，私たちが生きている社会は資本主義社会であるが，資本主義という経済メカニズムは障害者問題の発生とどのような関連があるのであろうか，本章ではこれらについて検討する。

　障害のある人の存在は，人類の発生とともにあるといえるが，彼らがその障害ゆえに被っている不自由の総称を障害者問題と呼んでいいのであろうか。つまり，障害者であれば，いつの時代でも障害者問題の担い手になるとみなしてよいのであろうか。歴史を振り返りながら，障害者問題をどのように捉えるべきかについて考えてみよう。

　原始時代，障害のある人は群れから排除されず，世話を受けながらもできる仕事を分担して生き抜いてきた。700万年前にアフリカで誕生した人類は，動物界で最も弱い存在であった。強力な牙や爪をもつライオンや虎などに遭遇すれば，二本足の人間は逃げ足が遅く，容易に倒されたであろう。最弱の動物である人間が，現在まで生命をつないできた秘密は何にあったのであろうか。それを髙谷清（びわこ学園医師）は，人々の生活単位である群れの中で形成してきた「協力・分配・共感」にあったと述べる。狩りや植物採取などを「協力」して行い，その成果物は全構成員に平等に「分配」し，互いの心を通い合わせることで「共感」能力を高めてきたという［髙谷，2011；2015］。

　原始時代の遺跡から，障害があっても天寿を全うした人の骨が数多く発見されている。有名な事例は，20万年から3万年前にヨーロッパや中東で生きてい

たネアンデルタール人の遺跡の1つであるイラクのシャニダール洞窟にあり，他の死者とともに花束を供えて葬られたと思われる身体障害者の骨が発見されている。この人は生まれつき右腕が萎縮していて，死亡年齢は当時としては高齢の40歳程度だったと報告されている[★1]。

　日本の例を挙げると，河野勝行は，縄文時代後期に属すると推測される，北海道の西南部の入江貝塚から出土した人骨を紹介している。この人は生前ポリオかそれに類する病気に罹り，その後遺障害のため重い四肢麻痺となり，十数年間は寝たきりの状態であったとみられている。さらに，縄文後期から弥生前期の遺跡で発見された人骨のうち，大腿部骨折者で治癒痕をもつ者が10例ほど報告され，なかには副木を使用していたと推測されるケースもあるという。治癒までに数か月を要し，回復してもその多くは強い歩行障害を残し，一人前の労働は見込めなかったと思われる人たちであったが，一定の治療が施され，治癒までの生存を保障されていたのである。彼らの多くは治癒後も生活行動に不自由があったと想像されるが，注目されるのは，受障後も群れから遺棄されず，一定の役割をもって生き続け，生産物の平等分配を受けていたことである。さらに，弥生前期には，かなり重症の小頭症児（その多くは知的障害をともなう）が成人に達した人骨が発見されているという。

　上記に示したわが国の縄文時代から弥生前期の遺跡の発見をふまえると，原始時代の末期においては，障害を受けても共同体での生存は認められていたと推測でき，今日の私たちがいう「障害者問題」は生じない経済メカニズムの下にあったということができる。河野によれば，原始共産制社会の末期に障害者の生存を保障したのは「いわゆる剰余生産力の存在と，その平等な分配機構という社会的条件」があったからだと述べている［河野，1981：258］[★2]。

　つまり，障害それ自体によって生じる不自由の総称を障害者問題と呼ぶのではなく，身体的・精神的に何らかの障害をもつという，その人の属性の1つにすぎないことによって社会的な生産に参加することを阻止され，自立的な生活が営めなくなり，その人がもっている発達可能性が潜在化されることを「障害者問題」と捉えるべきであるということである。要するに，その社会の生産とそのための労働のあり方＝経済メカニズムが，障害者を受け入れるか排除するのかを決めるのである。

2 障害者問題を発生させる経済メカニズムとしての資本主義

❶ 資本主義社会と障害者問題

　このような事例からみると，原始社会の末期においては，障害を受けても共同体での労働と生存は認められていたのであり，原始共産制社会では今日の私たちがいう「障害者問題」は生じない経済メカニズムの下にあったということができる。河野勝行が述べるように，この時期の障害者の生存を保障したのは「いわゆる剰余生産力の存在と，その平等な分配機構という社会的条件」があったからである。

　つまり，原始共産制末期といわれるこの時代は，第1に，狩猟・漁業の道具の進歩に加え農耕の一定の普及により，共同体の成員全体の生存を最低限可能とする生産力をもつに至ったこと，そして第2には，後に成立する古代専制国家のように生産物を支配的な階級が収奪する仕組みではなく，この時期はそのような支配階級が登場する以前の無階級社会であり，原始的ではあるが「平等分配」という共産制原理をとっていたことにある。

　ところが，その後の歴史発展の過程で成立した資本主義は，史上かつてない高い生産力をもつ「豊かな社会」を達成する一方，この社会の経済メカニズムは，すべての構成員にその富を平等に配分せず，次にみるように，障害を負った者に対して特に苛酷にふるまう原理をもっている。

　1つは，資本主義における生産が機械制大工業といわれる工場労働によって行われ，人々がこの工場（企業）に賃金労働者として雇われて働く，という側面に関わるものである。資本主義という経済メカニズムの下では，一部の農業者・自営業者を除いて人々は生産の主体たりえず，資本家との雇用契約によって被雇用者として働かざるをえない。この場合，資本家は同じ賃金を支払うのであれば，「肉体的能率性」の高い人を優先的に雇おうとするであろう。その結果，肉体的能率性で劣る障害者の雇用は後回しになってしまい，生計費の源泉となる賃金を得られないのである。

　もう1つは，資本主義が競争社会であるという側面に関わっている。競争は労働者間に強制されるだけではなく，資本家同士も利潤の獲得をめぐって，弱

肉強食といわれる競争を行っている。彼らは他社との競争に勝ち抜くために生産性を高め，低いコストで商品生産を行わなければ，市場での勝者になれない。生産性向上のためには，機械の運転速度を上げ，労働者を生理的限界まで働かせることになる。また，近年では賃金の安いアジア諸国への企業進出が顕著になっている。このような生産性の向上への強い指向は，ますます肉体的能率性の高い人を選別的に雇用する方向に向かうであろうし，その結果，障害をもつ者は雇用の場から排除されるのである。

　このように資本主義は，障害者を労働の場から排除する性格を本質的にもっている。「障害者は最も遅く雇用され，最も早く解雇される」という言葉があるが，これは雇用主（資本家）の行動原理をよく表現しているといえよう。つまり，資本主義社会は肉体的能率性の低下や喪失を理由に，障害者が生産の場に参加することを拒否し，暮らしの基盤を奪うことで，自立生活と人間的な発達を阻害するという「障害者問題」を発生させる経済メカニズムをもっているのである。

2 高齢者問題との共通性と相違点

　この点では，高齢者問題といわれる社会問題の発生も，障害者問題と同様の論理で説明できる。個人差はあるとはいえ，人間は加齢にともなって肉体的能率性は低下し，心身に何らかの機能障害を受けるようになる。しかし，加齢のもう1つの側面は，経験を重ねることにより判断力等の能力が高まることでもあるが，雇用主は労働者のこのような能力にではなく，単位時間あたりの生産性にしか関心をもたないために，管理部門に働く一部の人を除いては，高齢労働者を雇用の場から排除しようとする。一定年齢で職場からの引退を強制する「定年制」という年齢差別制度が，このことを象徴している。また，中高年期は老化にともなう疾患によって障害を受けやすい年代であるが，そうなれば彼らは高齢障害者として，定年前でも会社からの退職を余儀なくされる。

　しかし，高齢者問題が障害者問題と異なるのは，このような，つまり青壮年期は労働者として生産に貢献して高齢に達した人々には，過去の業績（労働）を評価して「敬愛」原理によって処遇されるのに，障害者については「敬愛」の対象とはみなされない点である。

その法的な表現は，老人福祉法第2条の基本的理念において「老人は，多年にわたって社会の進展に寄与してきた者として，かつ，豊富な知識と経験を有する者として敬愛されるとともに，生きがいを持てる健全で安らかな生活を保障されるものとする」にある。これに対して，障害により労働能力が制約され社会的な生産に参加できなかった（正確にいえば，社会的生産から排除されていた）人々は，高齢者とは異なり，社会の進展に対する「寄与」がなかったとして「敬愛」の対象とはならないのである。つまり，資本主義社会は障害者問題については，「対応すべき経済的な動機をもたない」[佐藤，1999：5]のである。

3 障害者を大量に生み出す資本主義

　資本主義と障害者の関係をもう1点指摘すると，現代資本主義社会は他の時代と比べて，障害者を新たな方法で大量につくりだすという特異な性格をもった社会である[佐藤，1999：4]。生産場面での労働災害や職業病などの多発と，生活の場面では住宅難や環境汚染，さらにはモータリゼーション化にともなう交通事故などが，新たな障害発生要因として登場した。さらに戦争被害者はこの時代に特有とはいえないが，広島・長崎に投下された原爆に象徴されるように，兵器の近代化や戦争規模の拡大によって，非戦闘員も含めて大量の障害者を生み出す社会となっているのである。

　また，資本主義文明の成果として，栄養水準の向上や医学の進歩などにより，乳幼児死亡率の減少を生み出した反面，かつては発生後まもなく死亡したであろう重症の障害児が，多数生存するようになったことも新しい事態である。同様の事柄として，現代社会は従来であれば死に直結していた病気の多くを克服しつつあるが，延命はできても病気とともに障害が併存する例や，病気は治っても障害を残す高齢障害者の増加は，近年特に著しい。こうして障害を受けた者は，先述した経済メカニズムに巻き込まれ，労働の場から排除され，生活困難や人格発達を阻害されることで障害者問題の担い手になるのである。

3 なぜ障害者は排除されるのか
──市民革命期の「能力に基づく平等」論のパラドックス

　ところで，資本主義という経済メカニズムを平等という視点から捉えると，どのような光景がみえてくるのであろうか。ここでは封建社会から近代資本主義社会への転換期において提案された，近代平等原則の意義と限界を考えてみよう。

　資本主義社会への移行は市民革命を通して実現したが，市民革命期の平等観を成文化したものとしては，フランス革命期のいわゆる人権宣言（『人及び市民の諸権利宣言』1789年）を挙げることができる。市民革命の課題は「自由・平等・友愛」というスローガンに端的に示されるが，そこでは平等とは封建的身分拘束からの解放として自覚されていた。同宣言の第6条では「すべての市民は，この法律の目からみると平等であるから，おのおのの能力にしたがって，徳と才能における差異以外の何らの差別もなく，あらゆる高位，地位，公職に就くことが等しく許される」（古茂田宏訳『思想と現代』18号，106頁）とある。

　つまり，個人の評価はその人の「能力」のみに基づくべきであって，出身階級等を評価の対象にすべきではないというのである。たとえ出身が貴族であっても，「無能」であれば政府高官たりえないというべきで，「有能」であれば商人や農民であったとしても，しかるべき社会的な地位に就くことができるという考え方である。封建的な身分制を否定する論理として「能力」を挙げるこのような考え方は，人を評価するにあたって，各人の能力以外の，たとえば性・人種・信仰等の属性を含めるべきではないという論理にもつながるといえよう。市民革命期には否定され，その実現は20世紀以降にもち越されたとはいえ，原理的に考えると，「能力」が備わっていれば，女性や有色人種であってもしかるべき地位に就けるということになる。アンシャンレジームを支えてきた封建的な身分制支配を打破した市民革命は，こうして人間解放の有力な思想として「能力に基づく平等」という平等理念を提供することになったのである。

　しかし「能力に基づく平等」論は，自然的・社会的原因によって能力に制約

を負った人々にとって，彼らへの低劣な処遇を合理化する考えとして働くという問題を引き起こす。多数の人々には，身分差別や女性差別，人種差別が「ゆえなき差別」として解放の武器となるこの平等観が，能力に制約のある障害者にとっては，「ゆえある差別」として解放の桎梏（くびき）になるというパラドックスを抱え込んでいるのである。[★3] 現在の資本主義経済の下で，労働能力の欠損や低下を理由に，障害者が雇用の場から排除されたり，最低賃金以下で働かされたり，高齢労働者の強制退職制度である定年制が導入されているのは，その証左である。

別の言い方をすれば，資本主義という経済メカニズムは，「労働能力に応じて利潤を生む可能性に応じて平等に扱うという合理性をもっている」［佐藤，1999：6］のであり，こうした「資本主義的合理性」は障害者に対する差別的処遇をいっそう強化する論理として機能しているのである。

4　資本主義の発展と障害者「対策」の展開

■1 資本主義の発展と障害者「対策」

今日の社会では一部の専業農家や自営業者を除いては，労働力を企業主（資本家）に販売して生計費の源泉となる賃金を得て暮らしを営むというのが一般的な姿である。しかし，資本主義社会は好況時においてさえ，労働能力をもち労働意欲のある労働者であっても，その一部を失業者（相対的過剰人口）として創出し，その存在によって労働者全体の賃金の重石とする経済社会でもある。

このような社会にあって，障害のある人々は最も不利な状態におかれ，労働機会を与えられず，収入源をもたないことで貧困＝生活崩壊を余儀なくされる。しかも資本主義の進展の過程で，旧共同体がもっていた地域の相互扶助組織も衰退し，また，家族規模も大家族から労働者家族＝核家族に移行するなかで縮小し，働けない障害者を扶養する社会的条件は失われてきた。

国家政策の対象として障害者が登場するのは，封建社会の末期から資本主義の成立期であり，当初は犯罪や社会不安を防止するための治安対策上の対象としてであり，それが効果を収めないことが判明した段階において，貧困層対策の一部として最小限の救貧対策に位置づけることによってであった。その後，

産業革命期に再編成された新救貧法（New Poor Law）は，障害者を労働不能者として救貧院に収容し，「劣等処遇（レス・エリジビリティ）の原則」といわれる懲罰的な処遇の下におき，選挙権等の市民的権利を制約するなど，汚辱感（スティグマ）を刻印した。

資本主義はその発展の過程で，一方の極に膨大な富を蓄積し，他方の極には大量の貧困を蓄積することが産業革命の進展とともに明らかになってきた。これに対して労働者は，失業と貧困問題の緩和・解決を図るために，その設立が刑事罰の対象となっていた労働組合を結成し，そしてついにはこれを合法化させた。さらには，社会主義・共産主義運動などの政治的な運動も人々に大きな影響力をもつようになった。独占資本主義段階に移行した19世紀末から20世紀初頭の西欧諸国では，資本主義社会の変革をめざす労働運動や政治運動を背景に，「社会改良」と呼ばれる一連の労働立法（最低賃金法・労働時間規制法など）や社会保険立法が制定されていく。

2 チャールズ・ブースによる「貧困の発見」と社会改良の提案

イギリスにおいて社会改良立法の制定にあたっては，19世紀末から20世紀にかけて，チャールズ・ブースがロンドンで，シーボーム・ラウントリーがヨーク市で実施した調査による「貧困の発見」が重要な契機となっているので，それについて紹介する。

実業家であったブースは，「大不況」（1873～96年）の最中に，統計協会のフェローになり（1884年），同協会の一員として，ロンドン市長から要請のあった「救貧基金の支出に関する調査会」に協力することになった。ブースはロンドンの，特にイーストロンドンの労働者状態に関心をもっていたこともあり，国勢調査報告（1881年）を基本としながらも，独自の質問票を作成するなど，新たなデータの収集に努めた。[★4]

具体的にいえば，ブースの調査は，まず子どもの生活状態を知ることから始まり，ロンドンの学校委員会（school board）の250人の家庭訪問員（visitors）が，仕事中に入手した情報の聴き取りを行った。家庭訪問員の仕事は，学齢児童の家庭を定期的に訪ね，家庭の基本情報と地域実態を調査することにあり，彼らは貧困家庭の実情をよく知っていたからである。ブースは聴き取り調査の

うえで，子どもの親の就労形態と賃金に注目して，ロンドンのハックニー地区を対象に調査（1887年）を行った。規則的稼得者で「質素だが，他人に頼らなくてもすむ暮らし」を標準とみなし，これ以下の「貧困」「極貧」層（それは飢餓的貧困という水準）が35.2％いることを発見した。また，これまで貧困に陥る原因と考えられてきた個人の「道徳的堕落」（ブースの調査項目では，「飲酒癖の夫婦」および「浪費ぐせの妻」など）は13％程度であり，半失業状態を意味する「不規則および間歇的な稼得」と低賃金など雇用上の問題で生じている者が68％，病気・虚弱や多子による者が19％と，貧困原因の約9割は，イギリス社会がもつ構造的な問題として広範に現れていることを明らかにした。

　ブースが私財を投じて行った調査の結果は，同じく実業家であったラウントリーがヨーク市で行った調査結果とも相まって，彼らの当初の目的に反して，大量の貧困を「発見」し，貧困の自己責任説から社会責任説に転換することに貢献した。これにより，貧困を根絶するためには，個人の資質の矯正ではなく，社会の改良が必要とされ，20世紀初頭のイギリスにおいて，一連の社会改良立法が成立する原動力となった。

　貧困を根絶するために社会改良をどのように行うべきか，ブースは調査結果をふまえて，次に挙げる2つの提案をしている。

【提案1】「不規則および間歇的な稼得者」には，完全失業者（求職者）として失業保険・扶助を給付し，職業訓練を行うことで，不安定雇用労働者として労働市場に立ち現れないような措置をとるというものである。ブースは，不規則および間歇的な稼得の者＝不安定就労層を「社会問題の鍵」と捉え，貧困は主として「極貧者の競争の結果である」（とめどない賃金下落を引き起こすから）と述べ，彼らに失業給付と職業訓練を提供し，その後「常用雇用化」することを提案している。

　つまり，不安定雇用（半失業状態）の解消と常用雇用化によって，賃金のとめどない下落にストップをかけることで，安定雇用の現役労働者の賃金や労働条件が波及的に引き下げられないようにするということである。失業する恐れの少ない安定雇用労働者が，失業保険の保険料を払い続ける意味はここにある。すなわち，自分たちの利益（安定雇用と賃金確保）のためにも，失業保険料

の支払いは必要だということである。

【提案2】働くことができない障害者や高齢者は，救貧法の拡大（現代風にいえば，生活保護・社会福祉の充実）や公的年金制度の創設により，不安定な労働市場からの引退を促し，「食べるために，低賃金で働かなくても生活できるようにする」という提案である。障害や老齢によって労働能力に制約のある人たちには，無理をして働かせて劣悪な労働条件や低賃金を強いるのではなく，衣食住に困らないような生活保障を行うというものである。

　社会改良立法は，周期的に襲う恐慌による失業と貧困の広範化・深刻化によって，資本主義の生活原則である「自助（self-help）」の前提となる2つの条件である賃金と雇用の保障ができなくなった段階で，生活自助原則の「部分的修正」として登場したのである。つまり，資本主義は個人の生活については，その個人の責任において営むことを強制してきたが，資本主義の発展の過程で，生活維持の物的根拠を奪う恐慌が循環的に発生したので，生活の一部については社会が責任をもつ，という「社会改良」立法が生まれたのである（［工藤，2003］参照）。

　これらは労働運動と社会主義運動に対する譲歩策として成立し，労働力保全政策といわれるが，対象となる障害者は，労災保険や年金保険制度が導入された企業の労働者であって障害を受けた者に限定され，就労期の前に障害を受け，労働力として期待できない障害者には，資本主義は対応すべき経済的動機をもたず，救貧制度の枠内にとどまっていた。

　しかし，ブースは障害のある人々に対して，劣悪な労働条件の下で働くことを強いるのではなく，年金などの所得保障制度と福祉サービスの提供によって貧困から脱する方向を示していると読める。このブースの提案は，今日の障害者施策にも重要な提起をしていると考えられる。

1　発見者のラルフ・S・ソレッキの書，香原志勢・松井倫子訳（1977）『シャニダール洞窟の謎』蒼樹書房，参照。なお，三井誠（2005）『人類進化の700万年―書き換えられる「ヒトの起源」』講談社では，その後の研究の進展をふまえて，献花されていたか否かはまだ定まっていないと指摘している。
2　大腿骨骨折者でしかも治癒痕をもつケースの詳細については，河野勝行（1991）『障害

者問題の窓から―戦争・歴史・福祉・美術 etc.』文理閣，参照。なお，文化人類学者の関野吉晴著（2010）『グレートジャーニー　人類5万キロの旅』角川文庫には，最後の石器人と呼ばれる南米の先住民ヤノマニは，かつては「個人の能力に応じて働き，個人の必要に応じて分配するという文化を持っていた」(69頁) と書かれている。これはヤノマニの社会が，原始的ではあるが共産主義原理で営まれていたことを示している。
3　能力と平等に関しては竹内章郎（1994）「『弱さ』の受容文化・社会のために」佐藤和夫編『「近代」を問いなおす』大月書店，所収に示唆を受けた。なお同（2005）『いのちの平等論―現代の優生思想に抗して』岩波書店，同（2010）『平等の哲学―新しい福祉思想の扉を開く』大月書店，も参照のこと。
4　ブースの調査の全体は，『ロンドン民衆の生活と労働』(Life and Labour of the People in London) に収録されている。同書は初版が1889年に刊行され，全17巻の最終報告書は，1902～03年に刊行された。

[参考文献]
工藤恒夫（2003）『資本制社会保障の一般理論』新日本出版社。
河野勝行（1981）「障害者観の変遷と障害者をめぐるイデオロギー」『科学と思想』42号。
佐藤久夫（1999）『障害者福祉論〔第3版〕』誠信書房。
髙谷清（2011）『重い障害を生きるということ』岩波新書。
髙谷清（2015）「障害のある人の生きる喜びと『生命倫理』―人間という存在と『発達保障』」『みんなのねがい』2015年1月臨時号。

障害者福祉制度の成立根拠

1 障害者福祉の成立根拠

❶ 戦後日本における障害者福祉政策の出発

　第二次世界大戦後のわが国の障害者政策は，アメリカ占領軍総司令部（GHQ）の当初の対日戦略であった「非軍事化・民主化」方針によって，傷痍軍人に対する特権的保護（医療・リハビリテーションと傷病恩給などの給付）は軍国主義の復活につながるとして全廃されることから始まった。敗戦直後の荒廃した社会のなかで，軍人恩給（傷病恩給）を廃止され困窮した傷痍軍人，そして，戦前・戦中は「兵力・生産力」足りえない存在として抑圧されていた結核・ハンセン病患者や一般障害者らが，患者団体・障害者団体を設立して，生活保障と福祉制度の確立を要求する運動を展開した。

　1949年に制定された身体障害者福祉法は，障害原因を問わず一定の障害状態にある身体障害者を対象にしたという点では，社会福祉における民主化を示すものとして評価できるものの，生活保障や労働保障の規定を欠き，対象になる身体障害者も次のように限定されていた。

　すなわち，法の対象となるのは，若干の職業訓練を実施すれば企業就職が見込める身体障害者に限られ，しかも法目的として掲げられた「更生」とは職業自立にあるとされ，職業自立が見込めないと判断された中度・重度身体障害者は，同法の対象とはならなかったのである。

　その後の改正によって法対象は中度・重度者にも拡大していくが，その際の論理は職業自立が見込めなくても，生活訓練等により日常の起居に他人の手を借りなくなり，その障害者に対する「社会経済上の消費が少なくなる」ことも

更生に含まれるというものであった［松本，1954：15］。労働力としての可能性をもたないと判断された中度・重度障害者は，「社会経済上の消費」を減少させるために更生＝身辺自立に励め，ということになろう。「重度」であれ「軽度」であれ，その身体障害をもつ人々の自立生活と全面発達が目的ではなく，「社会経済的消費（ないしは生産）」の観点からしか捉えられていないのである。いわば，労働力としての可能性の有無という資本主義的合理性の立場からしか障害者を位置づけていなかったといえる。

　1960年に制定された身体障害者雇用促進法にも，こうした観点が貫かれていた。すなわち，同法は就労保障を求める障害者団体の要求への対応という側面もあったことは否定できないが，基本的には1950年代後半から急速な高度経済成長にともなって顕在化した労働力不足への対応策として成立したというべきであろう。つまり，労働力としての可能性を有する身体障害者を，逼迫した労働市場に低廉な労働力として提供する点に役割があったということである。この時期以降，従来は専業主婦として家庭にあった女性たちが，パートタイマーとして労働市場への進出が顕著になっていくが，これと同様の論理で，すなわち安価な労働力を供給するという意味において，身体障害者を位置づけたということである。

❷ 障害者福祉の成立根拠──「資本主義的合理性」を超える論理の探求

　それでは次に，人々を労働力としての可能性の有無によって選別・排除する資本主義的合理性を超える論理を何に見出したらよいのであろうか。つまり，障害者が治安対策や経済政策・労働政策の対象ではなく，そのサービス体系が「障害者福祉」といいうる政策とするための論理をどこに求めたらよいのであろうか。これまでの記述から明らかになったのは，資本主義という経済メカニズムからは，障害者を排除し障害者問題を生み出す原因を導き出すことはできるが，障害者福祉政策の必然性を示すことは不可能といえることである。

　障害者福祉政策が登場する背景は，結論からいえば，現代民主主義原理とこれに立脚する運動が，資本主義的合理性を制約すること以外にはない。すなわち，近代民主主義革命期に打ち立てられ，その後2度の世界大戦を経て確立し，承認されてきた人権の普遍性を追求する民主主義運動によってしか，障害

者福祉の成立根拠は見出せないといえよう。

　例えば，障害原因を問わず一定の障害状態にある者を対象とした身体障害者福祉法の成立は，日本国憲法に規定された平等条項（第14条）や平和条項（第9条）と深い関連をもっている。戦前・戦中は，戦争による傷病軍人に限っては当時の最先端の医療やリハビリテーションを受け，高額な傷病恩給を受給するなど特権的保護が与えられていたのに対し，受障の原因が戦争によらない一般障害者は，これらの措置を受けることができず，労働不能者として貧困者対策（救護法）の対象となるか，家族扶養の下にあったにすぎず，障害原因による格差は厳然としていた。

　憲法が要請する「法の下の平等」の観点からすれば，障害原因による差別的取り扱いは平等原則を侵す措置となるのだから，そしてまた，軍人恩給は日本の非軍事化と平和主義（憲法第9条）に反する制度であるから当然に廃止され，一定の障害状態にある者をあまねく福祉の対象とする法律が制定されたといえる。このように平等原則という民主主義原理は，現実の障害者福祉政策の推進力となるのである。しかし，障害原因による差別的取り扱いは解消されたが，その後の法改正においても労働能力の可能性による処遇上の格差は温存されており，資本主義的合理性の許容する範囲の「平等」にとどまっているということができる。

　資本主義的合理性を脱却する論理として，わが国の障害者法制に「個人の尊厳」が使用されたのは，1970年に制定された心身障害者対策基本法の第3条においてである。その後1981年の国際障害者年を経て，1984年の身体障害者福祉法改正時の厚生省通達において，「人格の尊厳性」などの表現がみられるようになった。[★1]

　ところで，フランス革命期に現れた近代平等観は，「能力に基づく平等」であったと第1章で述べたが，平等を人権として捉えると，人権とは例外を許さず普遍性において捉えることを求める概念であるので，能力の制約を理由に障害者を平等原則の対象から除外することは認められないことになる。また，労働能力の所持者だけに平等を認めることは，制約された労働能力の持ち主が差別されることを是認することに他ならないのであって，これでは平等が人権ではなく，その逆の特権に堕するというべきである。このように捉えると，「人

権としての平等」という平等観＝現代民主主義概念は，障害者問題の解決を図るうえで重要な視点となるといえよう。

　この点とあわせて，身体障害者福祉法の成立過程において注目されるのは，戦後の民主化政策によって団体結成の自由を得て，障害者が自ら組織（障害者団体）を設立して個人的要求を組織的にまとめあげ，これらを新たな障害者立法に反映させようとする取り組みが展開された点である。もっとも，設立された障害者団体の数も構成人員も少なく，政策決定への影響力も乏しかったこともあって，成立した身体障害者福祉法は先に述べたように，法目的である「更生」が労働能力の可能性に応じた「社会経済的消費（生産）」の観点からしか捉えられていないなど，多くの限界をもつものであった。しかし，端緒的であるとはいえ当事者参加がみられた点は，民主主義社会における政策の決定にあたって重要な経験であった。

2　障害者観の転換と平等回復

❶糸賀一雄の重症心身障害児観

　障害がある人々に押しつけられている差別的処遇からの解放は，すべての人々の平等実現という人類史的課題における最終的な局面に位置していると思われる。この点を明確に意識した言葉として，かつて近江学園の糸賀一雄が「身分，経済，人種の不平等や差別の克服が人類の課題となってから久しいが，いま私たちは生まれながらの能力のちがいからくる差別観の克服に立ち向かうという，新しい課題の前に立たされていると思う」［糸賀，1968］[★2]と述べている。糸賀は他の差別事象と「能力のちがい」による差別を区別し，後者の差別をどのように克服するべきかを意識的に検討していたことに注目したいと思う。

　先（第1章）に挙げた私の表現でいえば，「ゆえある差別」をどのように克服したらよいのか，糸賀は次のように述べている。「……いまはまだ夜明け前であるが，この子たち（重症心身障害児――引用者注）をみる私たちの眼がどのように育つかということが，この課題解決の足がかりとなる」という。

　重症心身障害児は，優生思想に基づいて排除されるか，せいぜい慈恵的保護

の対象として「この子らに世の光を」といわれてきたが，糸賀は近江学園における福祉実践を通して得られた発見を次のように表現している。「この子らはどんなに重い障害をもっていても，だれととりかえることのできない個性的な自己実現をしている」のであり，「その自己実現こそが創造であり，生産である」「この子らが自ら輝く素材そのものであるから，いよいよみがきをかけて輝かせようというのである」。すなわち，「この子を世の光に」なのだと。

　つまり，不治永患とか教育不能といわれ，医療からも教育からも切り捨てられていた重症心身障害児が，「普通児と同じ発達の道を通る」「障害に応じた対策は多様であるが，その発達は一様に保障されなければならない」という人間発達の共通性に関する科学的知見と発達保障理念に支えられ，「私たちのねがいは，重症な障害をもったこの子たちも，立派な生産者であることを，認めあえる社会をつくろうということである」とも述べている。ここに示された糸賀の重症心身障害児観とは，彼らが無能な存在として社会から援助を受けるだけの慈恵的保護の対象ではなく，「立派な生産者」として社会的貢献をしているというものである。

　ヒューマニズム思想や人権論の多くは，他者や社会への貢献があろうとなかろうと，人間は多様な存在形態において独自性をもっているのであり，それゆえ価値があるという論法で彼らの存在意義を説明する。しかし糸賀は，「この子ら」は無能ではなく，能力の違いはあっても，他者や社会への貢献があるから価値があるというのである。

　糸賀の業績は，近代ヒューマニズム思想が把握した人間像が抽象性を免れなかったのに対して，近江学園における福祉実践のなかで，能力に制約のある人々の内面世界にまで踏み込み，彼らの発達可能性を実証すると同時に，それを科学の論理でも証明しようと試み——後続の田中昌人らの成果［田中，1987］を参照されたい——，思想と科学にまで高めようとした点にあると考えられる。

　このような障害者観の登場は，政策的な対応において，抑圧的ないしは慈恵的な障害者「対策」を維持することを認めず，人権としての障害者「福祉」政策の確立を促す，貴重な足がかりとなったといってよい。糸賀一雄の名は，障害者の平等回復の理念として発達保障を提唱した人物として，ノーマライゼー

ションを提唱したデンマークのバンク-ミケルセンとともに記憶にとどめられるべきであろう。

2 養護学校義務制実施をめぐって――「教育不能」説の崩壊

　近江学園の実践は，重度の障害をもっていても発達の可能性を示した点に意義があり，後の養護学校義務制実施（1979年）にも強い影響を及ぼしたといえるので，その点について若干述べておきたい。

　憲法と教育基本法の規定を受けて1947年に制定・施行された学校教育法は，養護学校教育も盲学校・聾学校教育とともに，当初から同法に定める義務教育制度のなかに位置づけられていた。しかし，養護学校教育だけはその施行期日を別に定めるとされ，歴代の政府・文部省はその施行を延期し続けてきた。これは養護学校を設置する義務を負う都道府県が，その義務の履行を猶予されることでもあった。とはいえ，養護学校がまったくつくられなかったわけではないが，設置数はきわめて少なかった。そのため，障害が相対的に重い子どもや重複している子どもは，入学を断られることが多かった。

　義務教育制度においては，子どもを学校に就学させる義務は保護者に課せられているのだが，保護者は子どもを学校に行かせたいのに受け入れられないという現実が広範にみられたのである。この矛盾を教育行政はどのように「解決」してきたのか，その方法は学校教育法の就学猶予・免除規定にあった。つまり，保護者が教育委員会に就学猶予・免除を願い出て，これが受理されて子どもの学校教育を受ける権利を奪うという，まことにもって理不尽な手続きが保護者に課せられていたのであった。親たちは，子どもがどんなに障害が重くても学校に通わせたいと切望していたのに，学校や教育委員会からは，障害が重く「教育は不可能だ」「学校教育になじまない」などと言われ，やむなく就学猶予・免除の願いを書かされたのであった。養護学校義務制実施を求める運動は，このような矛盾に満ちた状況を打破し，すべての子どもの学校教育を受ける権利を保障したいという親や教職員の要求に基づいて発展し，ようやく1979年に養護学校義務制が施行されたのである。

　「未来の労働力」としての期待がもてない障害児に対して，教育行政は彼らを発達不能と捉え，教育をしても成果につながらないという理由で教育権を剥

奪したのであるが，近江学園における福祉実践や京都・与謝の海養護学校の教育実践などで確認された重度障害児の発達の事実は，「発達不能」「教育不能」説が虚構であったことを証明したのである。福祉実践・教育実践とそこで得られた科学的知見によって重度障害児の発達不能説を打破し，教育行政を転換させた事例として貴重である。

養護学校義務制施行以降の障害者運動の重点は，養護学校等を卒業した後の働く場としての共同作業所づくりに向かったが，ここでの教訓は相対的に重いといわれる障害者の労働可能性を示した点にあり，「発達不能」説の打破は重度の障害児の教育権保障とともに，学齢期以降の労働権保障の課題に広がって展開されている。

3　福祉の実現とは何か

■1 「貧困からの自由」と「発達への自由」

本章ではこれまで，障害者問題を解決するには，現代民主主義原理に基づいて資本主義的合理性を規制することが重要であり，そのためには障害者を発達主体と捉える障害者観への転換と当事者運動の存在が不可欠であることを述べてきた。

次に考えてみたいのは，「人権としての平等」理念に基づいて，障害をもつ人々を雇用の場から排除することを規制し，就労によって得られる賃金と社会保障給付によって，他の障害をもたない人々と同等の生活が営める水準に到達しさえすれば，福祉が実現したといえるのかという問題である。つまり，福祉を「貧困からの自由」として捉え，貧困に陥る要件をなくしさえすれば，福祉が実現したといってよいのであろうか。

自由という言葉を使うなら，近江学園の取り組みは，「貧困からの自由」とともに，重度障害児の「発達への自由」の獲得をめざす福祉実践と評価することができるであろう。近江学園の実践は，障害を理由に諸権利を侵害され，発達可能性が潜在化させられた人々の発達要求に応え，それを全面的に引き出そうとした点に重要な意義があったといえる。要するに，「貧困からの自由」と「発達への自由」という二重の自由を獲得することが，福祉の実現といえるの

であろう。★4

　ところで，これまでしばしば使ってきた発達という概念について，それを新しい人権として位置づけようとする議論があるので，次に紹介しておきたい。当時，ユネスコの人権・平和部長であったカレル・ヴァサークの「第3世代の人権」論がそれである。

　ヴァサークによれば，第1世代の人権とは，封建的な国家権力（の干渉）からの自由を求め，近代市民革命期に登場した自由権的人権であり，第2世代の人権とは，資本主義社会が生み出す失業と貧困に反対する労働者階級の運動によって成立した一連の社会改良立法を根拠づけ，市場への国家介入によって労働者・国民の労働と生活を保障しようとする社会権的人権である。これらに続く第3世代の人権とは，ヴァサークによれば「発達への権利，健康でバランスの取れた環境への権利，平和への権利，そして人類の共同財産を所有する権利を含んでいる」とし，これらの権利は，個人・国家・公私の団体等による共同の努力によってのみ実現されるので，第3世代の人権は「連帯の権利」と呼ぶべきものと述べている［Vasak, 1977］。★5

　第3世代の人権を構成する「発達への権利」(the right to development) は，人間個人で捉えれば，第1世代の人権である自由権，第2世代の人権である社会権の真の目的を示すものといえ，人間発達への権利が法的に確立すれば，生存権の裏打ちの上に営まれる「自由な」暮らしを通して，自己の可能性を引き出し，自己実現を遂げる人生を人権として保障しなければならない，ということになろう。

　ところで，発達という人間の尊厳を基礎づける概念について，国連やユネスコなどでは，1969年の国連総会決議「社会進歩と発達に関する宣言」以降，それを人権として定着させようとする趨勢にある。"development"には「開発」という訳語が使われる場合が多いが，正確には社会の開発にあたると同時に，それを通して人間発達を図るという意味も含まれているのであって，人間を人的資源と捉え，開発という名の収奪や搾取を行うというように，人間を経済発展のための手段とするような立場とは無縁のものである。このように"development"とは，社会の民主的発展とともに人間発達という意味をもって生成してきた概念といえる。

1986年に国連総会で決議された「発達への権利に関する宣言」では,「発達への権利は不可譲の権利である」(第1条)とされ,「人間個人が,発達の中心的な主体であり,発達への権利の積極的参加者及び受益者であるべきである」(第2条第1項)としているように,発達主体としての人間を強調した表現となっている。

　このようにみてくると,かつて糸賀が提唱した発達保障とは,今日では「発達権保障」の提起として受けとめられるべきであり,歴史的にみてもその先見性は評価されてしかるべきであろう。

　こうして人類社会は,その人権保障の歩みにおいて,国家(干渉)からの個人の自由,そして国家(介入=施策)によって貧困からの自由を闘いとる時代を経て——今なおそれらの権利を現実化するには多くの課題が残されているとはいえ——,障害者を例外としない,すべての人間と社会の限りない発達への自由を獲得しうるという歴史的地点に立ちつつある,と確認することができよう。

2 「伸びる素質の発達」としての福祉

　次に,福祉(well-being)評価の基準を「"capability"の発達」に求めたアマルティア・センの福祉理論を紹介してみよう。[★6] センが登場する以前は,何をもって福祉が実現したかをめぐって,次に挙げる2つの対立する議論があった。

　その1つは,福祉を財や所得の大きさで測ろうとする主張であり,センはそれに対して,財や所得の所有者は,誰もがその特性を活かしうるわけではないという事実を対置し,批判している。具体例を挙げれば,知的な障害がある人たちは,賃金や年金給付があったとしても,現金を自分が思い描く暮らしに必要な商品やサービスに転換することが困難な場合が多いことから,モノ(財や所得)の大きさだけでは,福祉が実現したとはにわかに判定できないのである。

　もう1つは,福祉を財・所得などモノの大きさではなく,主観的な満足度で測ろうとする主張であるが,貧しく抑圧された生活を長く強いられてきた人々は,わずかな慰めにも過剰に反応して,たとえ本人が満足だと答えても,客観

的な状態が良好になったとはいえない例が多い，とセンは批判している。

　センは，福祉をモノの大きさではなく，そして主観レベルでの満足度でもなく，手に入れた財や所得の特性を活用して，人が達成しうる機能（doing＝人がなしうるもの，being＝なりうるもの），すなわち人の生き方やあり方に関心を集中する視点を提起し，自らの方法を「福祉のケイパビリティー・アプローチ」と名づけている。

　センのいう"capability"とは，人間に備わっている「機能」を選択に組み合わせて発揮する能力のことである。「機能」とは具体的に例示すれば，健康に生きる，おいしく食べる，ぐっすり眠る，楽しく語らう，文化・芸術を楽しむ，子どもを育てることなど，生命活動のレベルから文化・社会生活までの全般に及んでいる。センのいう"capability"とは，こうした1人ひとりの人間に宿っている機能を自由に組み合わせて実現する力をさしている。センはこのような意味での"capability"が全面発達することを福祉（well-being）の実現というのである。

　センのいう"capability"とは彼独特の表現であって，日本語で一般に使われる訳語の潜在能力より広い意味が含まれており，筆者は「人格と潜在能力・残存能力」と理解しているが，作家の大江健三郎はもっと平易に「伸びる素質」［大江，2006：264］と意訳している。これに従えば，福祉とは誰にも備わっている「伸びる素質」が全面的に発揮されることであり，これを例外なくすべての人に保障することが，社会的に福祉が実現した状態と捉えることになる。

3 伸びる素質の全面発達を保障する労働の意義

　「伸びる素質の全面発達の平等保障」説ともいうべきセンの見解は，福祉・教育・医療など，人間の人格と能力に働きかける社会サービスの重要性を強調するものでもある。わかりやすい例を挙げれば，企業に就職できず賃金が得られない障害者に対して，年金や手当などの給付によって同等の収入を得られる状態にしたとしても，それで福祉が実現したとは，にわかには判断できないのである。多くの人々は，所得保障給付（＝現金）を自分が思い描く生活を営むために使用できるであろうが，知的な障害のためにその現金を生活に必要な物資やサービスに転換できない人たちがいることを想像してほしい。

人格や能力に働きかける労働（社会サービス）が等しく保障されて初めて、人はそれぞれの伸びる素質の発達を平等に享受できるのである。つまり、この例でいえば、所得保障における平等は必要条件であるが、これに社会サービスの提供がともなわない限り、福祉が実現したとはいえないということである。北欧等の現代福祉国家は、所得保障政策のみならず、自己決定能力に制約のある人々への社会サービスの保障という点に、その到達水準が評価されているのである。[7]

　障害者福祉の実現とは、他の障害をもたない市民と同等の生活を営めるよう、労働や所得の保障によって生活水準における平等を確保するだけではなく、人に備わった諸機能を自由に組み合わせ、「よりよき生」を実現するために、伸びる素質の全面発達を保障することにある。そしてそのためには、社会サービスの一翼を担う福祉労働が、発達保障労働としての役割を果たすことが求められているのである。

1　詳しくは、本書の第5章第1節を参照のこと。
2　なお、「身分、経済、人種の不平等や差別」の他に「性の不平等」も加えられるべきであろう。以下の引用は、同書と『近江学園年報』11号、1965年に掲載された糸賀の論考による。糸賀の生涯と思想については、髙谷清（2005）『異質の光―糸賀一雄の魂と思想』大月書店、参照。
3　与謝の海養護学校の教育実践については、青木嗣夫編著（1972）『僕、学校へ行くんやで―与謝の海養護学校の実践』鳩の森書房、青木嗣夫・松本宏・藤井進（1973）『育ち合う子どもたち―京都・与謝の海の理論と実践』ミネルヴァ書房、を参照。
4　「〜からの自由」と「〜への自由」を区別し、かつ統一的に捉える視点については、島田豊（1979）『学問とはなにか』国民文庫、133頁、に示唆を得た。
5　この論文の位置づけについては、久保田洋（1986）『実践国際人権法』三省堂、松井芳郎（1988）「経済的自決権の現状と課題―『発展の権利に関する宣言』を手がかりに」『科学と思想』69号、を参照のこと。
6　アマルティア・センの福祉理論については、さしあたり次の文献を参照されたい。鈴村興太郎訳（1988）『福祉の経済学―財と潜在能力』岩波書店、池本幸生ほか訳（1999）『不平等の再検討―潜在能力と自由』岩波書店。なお、センの潜在能力論については、鈴村興太郎・後藤玲子（2001）『アマルティア・セン―経済学と倫理学』実教出版、絵所秀紀・山崎幸治編著（2004）『アマルティア・センの世界―経済学と開発研究の架橋』晃洋書房、池上惇・二宮厚美編（2005）『人間発達と公共性の経済学』桜井書店、を参照のこと。
7　エスピン-アンデルセンは、北欧型福祉国家の優位性の根拠を社会サービス労働の保障に見出している。G.エスピン-アンデルセン／渡辺雅男・渡辺景子訳（2000）『ポスト工

業経済の社会的基礎』桜井書店。同 (2001)『福祉国家の可能性―改革の戦略と理論的基礎』桜井書店。

[参考文献]
糸賀一雄 (1968)『福祉の思想』日本放送出版協会。
大江健三郎 (2006)『暴力に逆らって書く―大江健三郎往復書簡』朝日文庫。
田中昌人 (1987)『人間発達の理論』青木書店。
松本征二 (1954)『身体障害者福祉法の解説と運用』中央法規。
Vasak, Karel (1977) *A 30-Year Struggle:The Sustained Efforts to Give Force of Law to the Universal Declaration of Human Right*, UNESCO Couner, Nov. 1977.

第Ⅰ部　障害者問題と障害者福祉／第3章

ノーマライゼーションの生成と発展
■「障害者権利条約」への途

| 1 | 障害者とは
「通常の人間的ニーズを満たすのに特別の困難をもつ普通の市民」 |

　社会とその構成員が，障害のある人々にどのような態度をとるか，その態度や内容を規定するのは，その社会の経済的・社会的条件と教育，医療・保健，福祉や諸科学・思想など，その社会の文化水準に規定されるといってよいであろう。人間の評価（見方）をめぐって，これまでは仕事が一人前にできるかどうかを測る基準である身体的・精神的機能に着目して，優劣を決めようとする傾向が強かったといえる。

　このように，人間を評価する基準として労働における有用性をおくならば，多くの障害者は雇用の場から排除され，保護の対象と位置づけられることになり，その自主性や主体性は無視される。政策レベルでは家族扶養を優先し，それが果たされない場合は隔離収容が基本となって，地域社会の成員としての扱いはなされなくなる。20世紀半ば頃までは，ほとんどの国で，最小限の劣悪な処遇（保護）と引き換えに，市民的権利の制限が当然のように行われていたのである。

　しかし，このような障害者観と障害者政策は，世界各国の障害者運動とこれを受けた政策の転換の過程で覆されつつある。障害者観の今日的到達点は，近年の国連の諸決議にみることができる。1975年の国連決議「障害者の権利宣言」では，障害者は「その人間としての尊厳が尊重される生まれながらの権利を有し」，「その障害の原因，特質及び程度にかかわらず，同年齢の市民と同等の基本的権利を有する」としている。また，「国際障害者年行動計画」（1979

年）では，「障害者は，その社会の異なったニーズをもつ特別な集団と考えられるべきではなく，その通常の人間的ニーズを満たすのに特別の困難をもつ普通の市民」であると規定している。

「国際障害者年行動計画」における障害者の規定とは，要するに，障害者とは他の障害をもたない人々と同様の願いや要求をもつ普通の市民であり，かつそうした願いや要求を実現する基本的権利を有する主権者であるが，その他の障害をもたない人々と異なるのは，そうした願いや要求を実現するうえで特別の困難をもっているということである。なお，この時点では障害者とは，英語表記でいえば"disabled persons"であったが，その後は"persons with disabilities"と表記するようになった。つまり，障害だけに規定された人ではなく，属性の1つとして障害がある人というほどの意味になろう。日本語で短縮していえば障害者になるが，より正確に訳すなら「障害のある人」と表記すべきであろう。本書では障害者と表記する場合が多いが，それは「障害のある人」の短縮形として使用していることをお断りしておきたい。

人類がこのような障害者観を獲得するには長い年月を要しているが，そうした認識に到達するうえで導きとなったのは，ノーマライゼーションとリハビリテーションの理念であった。

ところで，わが国政府は1995年，初めての障害者政策推進計画である「障害者プラン——ノーマライゼーション7ヵ年戦略」を発表し，「……ライフサイクルの全ての段階において全人間的復権を目指すリハビリテーションの理念と，障害者が障害のない者と同様に生活し，活動する社会を目指すノーマライゼーションの理念」に立脚して推進すると述べている。外来語であることもあって，これら2つの福祉理念は誤訳に悩まされ，一面的理解にとどまることが多かったが，この説明に関しては正確に表現していると評価することができる。

以下では，ノーマライゼーション（本章）とリハビリテーション（第4章）の生成過程を跡づけ，これらの理念の意義について述べることとする。

2 ノーマライゼーション理念の生成と展開

　近代平等思想である「能力に基づく平等」論（第１章第３節を参照のこと）を超える視点は，第二次世界大戦終結直後の1946年に，世界で初めて「ノーマライゼーション原理」を提起したスウェーデンの社会庁の報告書に見出すことができる。同じ資本主義社会であっても，障害者状態は民主主義の定着度によって異なることを示す意味を込めて，ここでは福祉理念であるノーマライゼーションを「現代」平等思想と理解することにする。

■ スウェーデンの「1946年ノーマライゼーション原理」

　ノーマライゼーションは，デンマークのバンク-ミケルセンが初めて提唱したと一般には理解されているが，河東田博によれば，ノーマライゼーション原理の最初の提案は，1946年のスウェーデン社会庁障害者雇用検討委員会の報告書にあるという［河東田，2000］（以下の引用は同書）。

　後に紹介するデンマークと同様，スウェーデンでも障害がある人は，非人間的で劣悪な生活を強要される巨大施設に終生保護されていた。しかし，1930年代後半になると，こうした施設の実態の改善を求める運動が展開されるようになり，特に平等政策を掲げる社会民主労働党が政権の一翼を担い始めると，状況に変化が生まれてきた。1940年代に入ると，国会でも障害者の社会的不平等の問題が審議されるようになり，1943年には「障害者の生産能力を活用する機会をもっとつくる」ために，社会大臣の諮問機関として「障害者雇用検討委員会」が設置された。

　障害者雇用検討委員会は，障害当事者を含め９名の委員によって構成され，民主主義の根本原理は，あらゆる人が平等の価値をもち，「人間の社会的権利は，その人自身の問題とするのではなく，社会の一員としての問題」として捉えることが必要である，という考え方の下で検討が始まった。1946年に報告書が発表されたが，そこでは障害者の社会的不平等を解消するために，"the Normalization Principle"（ノーマライゼーション原理）という用語を使って，障害のある人々の生活や雇用の状況を「ノーマル化」することが必要であると明

確に述べている。

　河東田は，上記の報告書に示された「ノーマライゼーション原理」は，障害のある人々に「地域で当たり前の生活を保障しようとする斬新な社会変革概念だった」と評価しているが，仕事ができないと思われていた重度障害者はその対象にならず，むしろ入所型施設への収容が適当だとされるなど，弱点も含んでいたことも指摘している。そうした事情もあって，1946年の「ノーマライゼーション原理」は，1960年代後半に新たな展開が起こるまで生かされることはなかったと述べている。

　しかし，ノーマライゼーションの起源を考えるとき，スウェーデン社会庁の「1946年ノーマライゼーション原理」は，その後空白期間があったとはいえ，障害のある人々の実質的な平等と，障害者を排除せず，非障害者とともに生きる（共生）社会を志向する「社会のノーマル化」を示した意味において評価されるべきである。

❷ 反ナチズム・平和思想としてのノーマライゼーション

　デンマークにおいて，知的障害がある人々に対する新たな福祉的対応の方向性を，ノーマライゼーションという表現で示したのは，バンク−ミケルセンであった。バンク−ミケルセンは，コペンハーゲン大学在学中に反ナチズムのレジスタンス運動に参加して捕えられ，強制収容所に投獄された体験をもっている。ナチス支配から解放された後，彼は復学して卒業し，デンマークの社会省の職員として採用され，知的障害者の福祉行政を担当することになった。当時，知的障害者は，なかには1500床以上というような巨大施設に終生収容され，本人や家族の了解なしに優生（断種）手術が実施されていたが，彼はこのような処遇の実態に深く心を痛め，知的障害者の施設での生活は「ほんとうに悲惨で，（かつて投獄された）ナチスの強制収容所とすこしも変わらないもの」［花村訳・著，1994］（以下の引用は同書）と感じていた。

　その一方で，1951年から52年にかけて各地で設立された知的障害者の親の会は，わが子に対するこうした非人間的な処遇を改めるよう強く政府に求めて活動していた。親の会の活動にバンク−ミケルセンが個人的に協力していたこともあり，社会大臣宛てに提出する要請書の起草を依頼され，1953年に提出され

た要請書のタイトルに「ノーマライゼーション」（デンマーク語ではノーマリセーリング）を使用したのが、この言葉の始まりである。なお、バンク-ミケルセンによれば、ノーマライゼーションとは「イクォーライゼーション（equalization）であり、ヒューマニゼーション（humanization）です」とも述べ、要請書のタイトルを決めるとき、これらの用語も挙げて検討したが、「親の会の願いを一番よく表すものとして、結局ノーマライゼーションという語に落ち着いたのです」と述べている。

このようにノーマライゼーションとは、歴史的にみるならば、知的障害者の親の会から発せられた問いに対する、バンク-ミケルセンの協力の産物として成立した理念であり、それは第二次世界大戦中デンマークを占領したナチスへのレジスタンス運動の経験をふまえて、知的障害者に対する「隔離・収容・断種」政策と、かつてナチスがユダヤ系市民や障害者たちに行った「隔離・収容・絶滅」政策との思想的同根性を鋭く指弾するものとなっている。また、後に紹介するスウェーデンのニィリエもストックホルム大学在学中に、反ナチスのレジスタンス活動に参加したことがあるが、これは偶然とはいえないであろう。つまり、ノーマライゼーションという福祉の新しい原理は、ナチズムを支えた人間観への根本的批判を背景にして、知的障害者がおかれていた反福祉的現実に対する平和―福祉思想として登場したということができる。

3 ノーマライゼーションの国際的展開とその意義

1953年に上記の経過をたどって提出された要望書を受けた社会省では、数か月後に「知的障害者に関する福祉政策委員会」を設置し、バンク-ミケルセンは委員長に就任した。数年の審議を経て、「知的障害をもっていても、その人は1人の人格をもった存在であり、障害をもたない人々と同じように生活する権利を有する人間である」という知的障害者観が確認され、ノーマライゼーションという語を用いた「1959年法」（正確には、社会省令）が成立したのである。

ノーマライゼーションの確立をめざすデンマークの取り組みは、バンク-ミケルセンの協力者であったニィリエを介して、スウェーデンの福祉政策にも影響を与えることになった。その後、ノーマライゼーション原理は北欧からヨー

ロッパ諸国，北米，日本などにも広がり，世界的規模で障害者政策と運動に大きな影響を及ぼしているが，国連においても「知的障害者の権利宣言」(1971年)，「障害者の権利宣言」(75年)，「国際障害者年行動計画」(79年)，「国際障害者年」の開催 (81年)，「障害者に関する世界行動計画」(82年)，「国連・障害者の10年」(83〜92年)，「障害者の機会均等に関する標準規則」(93年)，「アジア太平洋障害者の10年」(1993〜2002年) などで基本理念の１つとして承認されるに至っている。

行政官であることに徹したバンク-ミケルセンは，「ノーマライゼーションとは，障害のある人たちに，障害のない人と同じ生活条件をつくりだすことである」という見解を示しているが，学問的定義を行うのは自分の任ではないと考えていた。

ノーマライゼーションの定義は，バンク-ミケルセンが推進していた改革の協力者であったスウェーデンのニィリエが試みている。それによれば，「すべての知的障害者の日常生活様式や条件を，社会の普通の環境や生活方法に可能なかぎり近づけることを意味する」とし，ノーマライゼーションの８つの原則として，①１日の生活リズムのノーマル化，②１週間の生活パターンのノーマル化，③年間の生活パターンのノーマル化，④ライフサイクルにおける経験のノーマル化，⑤選択や願望および要求の尊重（ノーマルなニーズの尊重），⑥異性の併存する社会生活，⑦ノーマルな所得と経済生活の保障，⑧生活する場の建築，規模，立地におけるノーマル化（ノーマルな環境基準）を挙げている［ニィリエ，1998］。

ニィリエの提起するノーマライゼーションは，一般の人々が送る日常生活を基準にして，同様の生活リズムやパターンを知的障害者にも保障することであるとして，その実現のためにサポートが提供されることを求めたものであった。ニィリエの考え方は，知的障害者を特殊な存在とみなしたうえで，その人たちに対する特別のサポートを提供する，という従来の福祉観に変更を求める点ではバンク-ミケルセンと共通している。

3 ノーマライゼーションに含まれる2つの要素

　ここではバンク-ミケルセンの主張を中心に取りあげ，ノーマライゼーションをどのように理解したらよいのかについて述べる。彼の著述を読むと，ノーマライゼーションは「ノーマルな暮らし」の実現と「ノーマルな社会」への指向という2つの要素によって構成されていると考えられる。

❶「ノーマルな暮らし」の実現

　第1には，障害者に通常の障害をもたない市民と同様の生活条件を提供し，人間としてふさわしい「ノーマルな暮らし」を営むことができるようにすべきであるという，実質的平等の実現を提起していることである。「障害者の権利宣言」(1975年)の表現に従えば，「障害者が最大限に多様な活動分野においてその能力を発揮しうるよう援助し，また可能なかぎり通常の生活への統合を促進する必要」（前文）を確認したうえで，「障害者は障害の原因，特質及び程度にかかわらず，同年齢の市民と同等の基本的権利を有する。このことは，なによりもまず，可能なかぎり通常のかつ満たされた，相当の生活を享受する権利を意味する」（第3条）ということになる。

　ただし，ここで注意を要することは，障害があるため特別のケアを必要とする場合には，当然そうしたケアが十分に提供されるべきであって，そのうえで他の同年齢の市民と同等の生活を営むことができるようにすることである。例えば，入所施設よりは家庭での暮らし，障害児学校よりは普通学校，かつての授産施設や共同作業所などの福祉的就労よりは一般企業での就労の方が，ノーマライゼーションが実現しているようにみえるが，そうして選んだ先が障害に対する適切なケアを欠く場であったとしたら，現在の障害に加えて別の新たな障害や困難を招きかねないことに留意しなければならない。形式的な側面だけに目を奪われるのではなく，「人生・生活の質（quality of life）」の実現という視点からノーマライゼーションを捉えることが大切である。

　その点について，バンク－ミケルセンも「障害がある人にとっては，その国の人々が受けている通常のサービスだけでは十分ではありません。障害がある

人が障害のない人と平等であるためには，特別な配慮が必要なのです」と述べているように，ノーマライゼーションを形式的に理解してはならず，実質的平等を実現するために，障害に対する特別の配慮（ケア）の保障を強調している。しかもそうした特別なケアは，できる限り通常に近い方法で提供するよう努力することを求めている。

　つまり，ノーマライゼーションとは単純な入所施設解体論ではないのである。北欧の例では，入所施設の解体を先行させるのではなく，相当の予算投入を行って，退所後の暮らしを支える仕事（課業）の場と住まい・余暇の場，所得やケア等の総合的保障システムを確立したうえで，本人の意思を1人ひとり確かめて地域生活への移行を推進してきた。退所後の暮らしの見通しがないまま施設を解体すれば，ホームレスとなる危険性が高いのである。このように，ノーマライゼーションとは入所施設の解体自体が目的ではなく，人間としてふさわしい「ノーマルな暮らし」を営めるようにすることが目的と捉えるべきである。

　要するにノーマライゼーションとは，障害をもつ人々が特別なケアを受ける権利を行使しつつ，個人の生活においても社会的活動においても，可能な限り通常の条件の下で，通常の仕方でその能力を発揮し，それを通して社会の発展に貢献することと理解される必要がある。

2 「ノーマルな社会」づくり

　ノーマライゼーションには，第2に，「国際障害者年行動計画」の一節を借りるなら，「障害者等少数者を締め出す社会は，不毛で貧しい（政府訳では，弱くてもろい）社会である」と表現されるように，権利主体の側から社会の質を問う視点が含まれている。

　バンク-ミケルセンは1985年に来日したときの講演（日本ソーシャルワーカー協会主催）で，「この考え方は新しい意義でも原理でもなくアンチドグマみたいなものであります。なぜなら障害者のおかれていた状態は正常者によって決めつけられていたもので，これを打破する必要性によって生じたものであるからです。ノーマライゼーションの原理は障害者を一般住民と差別して処遇してきた国々にとって意義あるものとなります」と述べている。つまり，ノーマライ

ゼーションとは，障害者を排除し，差別的に取り扱ってきた社会の能力主義的な人間評価原理（その極限はナチズム）に対する反省の上に立って，障害者が障害をもたない市民と対等平等に存在する社会こそ「ノーマルな社会」であり，このような社会に変革することを強く指向する視点を含んでいるのである。

4 実質的平等をどのように回復するか

バンク-ミケルセンは「ノーマライゼーションとは，障害のある人たちに，障害のない人と同じ生活条件をつくりだすことである」と述べていることは先に引用したが，これを実現するためには何が必要なのであろうか。この点は障害者問題の解決にあたっての実践的な課題であると同時に，すぐれて理論的な課題でもある。現代平等論の到達水準を確認するために，ジョン・ロールズの平等論との対比で，アマルティア・センの議論の要旨を紹介する。

◼ ロールズの平等論

ジョン・ロールズは，能力が社会的・自然的偶発性によって個人に与えられるものであることから，能力の制約ゆえに生じる不平等を放置してはならず，平等回復のためには能力差に適合した社会的基本財の平等分配が必要であることを主張している。『正義論』［ロールズ，1979］の著者らしく，能力に起因する現実的不平等を放置してはならないと強調している点は了解できるが，ロールズの主張の難点は，不平等を是正するためにとられる「社会的基本財の平等分配」が，物質的な財・所得の分配にとどまり，財や所得を利用し達成できる（もしくは，できない）個人の多様性を等閑視していることにある。

一例を挙げれば，障害者が能力の制約によって生活できるだけの賃金が得られない場合，賃金補給制度や年金・手当などの所得保障制度によって財・所得の分配を実施し，その所得水準が他の市民と同等になったとしても，もしその人が知的な障害のため金銭管理能力に制限があり，生活上の必要を満たす適切な物資やサービスを購入できなければ，平等は実現しないことになるからである。

2 「何の平等か？」——センの「福祉の潜在能力アプローチ」をふまえて

　この点を鋭く指摘したのは、アマルティア・センである。センは真の平等、すなわち能力の違いをふまえた平等を実現するためには、財の分配の平等ではなく、「基本的潜在能力——人がある基本的な事柄をなしうること——の平等」の視点を提起している［セン、1989：251-256］。センは人間が財との間で「さまざまな生き方＝機能の充足」を行う存在である点に注目して、「ニーズを基本的潜在能力という形で解釈し」、「基本財に向けられたロールズの関心を無理なく拡張し、財から財が人間に対してなすことへと注意の方向を変えること」を主張して、「基本的潜在能力の（発達における）平等」を図るべきであるという［セン、1989：254］。つまり、財の「平等分配」で平等が達成されたとみなすのは早計であり、財の所有者が財の特性を活かして、ケイパビリティの発達につなげることを可能としなければ、平等は実現していないのである。

　センは自らの方法を「福祉（well-being）のケイパビリティ・アプローチ」と呼んでいるが、この方法はこれまでの福祉評価の基準として有力であった、福祉を人が享受する財や実質所得の大きさで測ろうとする「富裕アプローチ」や、福祉を主観レベルの満足度（欲求の充足度）で測ろうとする「効用アプローチ」を批判して、「ひとがその達成に成功するさまざまな『機能』（すなわち、ひとがなしうること〔＝doing〕、あるいはなりうるもの〔＝being〕）と、ひとがこれらの機能を達成する"capability"に関心を集中する」新しいアプローチであると述べている［セン、1988：2］。

　センの提起の核心は、次の引用に要約できる。「ひとの福祉について理解するためには、われわれは明らかにひとの『機能』にまで、すなわち彼／彼女の所有する財とその特性を用いてひとはなにをなしうるにまで考察を及ぼさねばならないのである。たとえば、同じ財の組み合わせが与えられても、健康なひとならばそれを用いてなしうる多くのことを障害者はなしえないかもしれないという事実に対して、われわれは注意を払うべきなのである」。つまり、「ひとの福祉とはひとの機能の指標に他ならないと考えるのが最も適切であるというものである」［セン、1988：22、41］。

　要するに、福祉の実現とは、人に財を提供することで完結するのではなく、また、その人のおかれた社会的境遇に拘束されがちな、主観的な満足度を評価

基準にするべきでもなく，手に入れた財の特性をその人が活用し，ケイパビリティ（伸びる素質）を全面的に発達させることにあるというのである。

伸びる素質の発達における平等を実現するためには，特に知的障害等のために自己決定能力に制約のある人々に対して，財・所得の保障とともに，それを活用できるようにするために，直接その人の人格と能力（潜在能力・残存能力）に働きかける，福祉労働や教育労働等の社会サービスのあり方が問われているといわなければならない。

5 「障害のある人の権利条約」が構想する平等回復措置

■1 「障害のある人の権利条約」の成立の意義

障害のある人々の権利保障を考えるとき，一般的な権利保障の規定があっても権利が守れない場合がある。例えば，自由権の1つである自由な意見表明の権利が認められても，手話やコミュニケーション機器の提供（それらを保障する根拠としての社会権的権利の履行）が行われなければ，視聴覚に障害のある人の意見表明権は実現しないのである。この例にみるように，障害のある人の権利を実質的に保障するためには，自由権と社会権の統一的な保障が求められている。バンク-ミケルセンがいったように，「障害がある人にとっては，その国の人々が受けている通常のサービスだけでは十分ではありません。障害がある人が障害のない人と平等であるためには，特別な配慮が必要」なのである。

ノーマライゼーション理念の発展を，2006年の国連総会で採択され，2008年5月に発効した「障害のある人の権利条約」("Convention on the Right of Persons with Disabilities" 以下，障害者権利条約と略記)[★2]にみてみよう。同条約の成立を促した理由は，世界人権宣言がすべての人々の権利を規定しているにもかかわらず，障害があるためにその権利が侵害されている人々が残されている事実に着目し，この解決を国際社会の責務と考えたからである。これらの人々の平等を実現するために，権利条約では「インクルーシブな（包摂・包含する）社会」づくりを目標に掲げている。

2 ノーマライゼーションとインクルージョン

　障害者権利条約ではノーマライゼーションという用語は使われておらず，インクルージョン（inclusion＝包摂・包含）が使われている（第3条「一般原則」(C)，第19条「自立した生活及び地域社会へのインクルージョン」，第24条「教育」，第27条「労働及び雇用」など）。それでは，インクルージョンをどのように捉えるべきであろうか。この用語自体の意味からいえば，インクルージョン（inclusion）とは，「イクスクルージョン（exclusion）＝排除」の反対語である。障害者等少数者を排除するのではなく，受け容れ包摂する社会像を示す概念ということができる。

　インクルージョンという用語は，ヨーロッパ諸国において1980年代後半以降，新自由主義的なグローバライゼーションによって生じた貧困と社会的排除に対抗する主張として，社会政策の目的概念として使用されるようになり，障害者福祉・教育の領域でも頻繁に使われるようになった。★3 また，欧米では障害児者の「脱施設化」の取り組みが進み，ノーマライゼーションの第1の要素である「生活のノーマル化」が一定程度達成されたことから，第2の要素である「社会のノーマル化」を強調する意味でインクルージョンが使用されているともいえ，これが国連にも反映したとみなすこともできる。

　障害をもつ人々をはじめ，いまや日常生活や社会生活を営むうえで制約がある，高齢者や一人親家族，移民など，すべての人々の人間らしい暮らしを営む権利を保障する理念としてインクルージョンが使われていることを確認できる。障害のある人を排除して社会の傍流におくのではなく，積極的に受け入れ，障害の有無を問わず，すべての人々を社会の主流（メインストリーム）におく考え方といえよう。

3 障害がある人々の平等回復のための3つの措置

　障害がある人々の平等を回復するために何が必要になるであろうか。ここでは権利条約が構想している平等回復の措置として，①普遍的な権利保障，②「特別な措置」，③「合理的配慮」の3つについて紹介する。
① 普遍的な法的権利保障（ユニバーサルデザイン）
　権利条約は，障害がある人を例外としない権利の保障を法的に規定するよう

求めている。先に例示したように，意見表明権が法的に認められていても，それを実現するための社会的手立てがなければ，そうした自由権も「絵に描いた餅」になってしまうからである。権利条約では，そのような点に留意して，条文には自由権と社会権の保障が書き込まれている。

また，権利条約には，障害者を含むすべての人が最大限，利用可能な「ユニバーサルデザイン」を物理的環境のみならず，サービス設計の基本とするよう述べている。最近，ユニバーサルデザインの家電製品などが開発されているが，これらには操作法がわかりやすく表示されているので，障害がある人だけでなく，高齢者や子どもなども使いやすくなっている。

このように，ユニバーサルデザインとは障害者だけに特化しているのではなく，すべての人々にとって使いやすい環境を整備することを求めているのであり，こうした考え方を，生活を営むうえで必要になる法制度やサービス提供にあたっても貫くよう提案しているのである。

② 積極的差別是正措置（「特別の措置」）

障害があると，働く意思があっても仕事に就けない人が多くいて，その結果，他の障害のない人と比べて低位の生活を余儀なくされ，多くは家族扶養に任されている。権利条約はこのような差別を放置せず，成人障害者の「労働についての権利」（第27条）を認めている。市場での雇用競争に任せれば，雇用から排除される障害者の労働権を実現するために，企業に一定割合で障害者の就労を義務づける割当雇用制度（わが国では障害者雇用促進法）は，雇用における積極的差別是正の一方策である。また，日本では未だ実施されていない「保護雇用制度」（労働能力に制約のある障害者にも，労働者としての基本的な権利である最低賃金保障や労働組合の加入権などを認め，障害に配慮した環境の下で働けるようにする制度）がOECD加盟国では一般化しているが，これら障害者に対する「特別の措置」は，雇用における積極的差別是正措置の一例といえる。

また，権利条約では「十分な生活水準と社会的な保障」（第28条）を権利として認めていることから，他の障害がない人と同等の生活を営めるよう，所得保障制度の確立も要請している。

これらの例にみるように，障害者が受けている格差と差別を積極的に是正する措置を国にとらせることが「特別の措置」であり，これらは障害者一般に開

かれた制度といえる。

③ 「合理的配慮」（適切な便宜供与）

　非常に個別性の高い環境調整による平等の確保のことを合理的配慮という。例示すれば，上記の雇用における「特別の措置」である割当雇用制度や保護雇用制度によって就職した人に対して，仕事を継続するために，障害の状態に応じて講じられるべき個別の支援をさす。障害がある人が障害のない人と対等・平等に仕事ができるような物的・人的環境を整備するという義務が，職場であれば事業主に課せられるのである。例えば，耳が聞こえないために，十分にコミュニケーションがとれないということであれば，手話通訳者をつけるなどして，その人の能力発揮を支援する，そうした便宜（配慮）を提供しなければならないということである。つまり，公共施設などを障害者が利用しやすいように改築することは合理的配慮とはいわず，それは上記①のユニバーサルデザイン（この場合はバリアフリー）の範疇にある。

　バンク-ミケルセンのいう「特別な配慮」は，権利条約では上記の諸点と関わっており，積極的差別是正策である「特別の措置」を社会的に保障することによって実質的な平等を実現するとともに，その際，一律の保障手立てだけではなく，同じ障害をもつ人でも受障の年齢や現在の年齢，また性別などの属性，さらには，その人を取り巻く環境などは個々に異なっているので，その人の障害の個別性や人格の固有性に配慮した措置（合理的配慮）がとられなければならない，ということになる。

　ところで，2008年の発効以来，わが国では障害者権利条約の批准が課題になっていたが，ようやく2014年に批准した。権利条約が批准されると，権利条約は憲法と一般法規の間に位置し，障害関連法規の内容を規制する効力をもつことになる。わが国の憲法の平和的民主的条項は，障害者の人権保障を目的とする権利条約の方向性と一致していることから，権利条約が批准されると，障害関連法規を抜本的に改正する推進力になる。

　1　河東田博は，ケント・エリクソンらスウェーデン人研究者の諸論文に依拠し，スウェーデン社会庁に設置された「ある程度生産労働に従事することができる人たちのための検討委員会」（以下，「障害者雇用検討委員会」と略記）の報告書（1946年発表）をストックホルム大学図書館で発見し，それらの知見をふまえて『ノーマライゼーション

原理とは何か』を著した。
2　障害者権利条約の日本語訳は，長瀬修・東俊裕・川島聡編（2008）『障害者の権利条約と日本』生活書院の巻末資料に「障害のある人の権利に関する条約とその選択議定書」が収録されており，英語正文・日本政府仮約・川島＝長瀬仮約を対照できる。また，『障害者権利条約で社会を変えたい』（福祉新聞社，2008年）の巻末に，権利条約の訳文対照表が掲載され，日本障害フォーラム（JDF）が翻訳上の問題点についてコメントを付している。
3　インクルージョンについては，清水貞夫（2010）『インクルーシブな社会をめざして―ノーマリゼーション・インクルージョン・障害者権利条約』かもがわ出版を参照のこと。

[参考文献]
河東田博（2009）『ノーマライゼーション原理とは何か―人権と共生の原理の探究』現代書館。
鈴木勉（1999）『ノーマライゼーションの理論と政策』萌文社。
セン，アマルティア／鈴村興太郎訳（1988）『福祉の経済学―財と潜在能力』岩波書店。
セン，アマルティア（1989）「何の平等か？」大庭健・川本隆史訳『合理的な愚か者―経済学＝倫理学的探究』勁草書房，251-256頁所収。
ニィリエ，ベンクト／河東田博ほか訳編（1998）『ノーマライゼーションの原理―普遍化と社会変革を求めて』現代書館。
バンク－ミケルセン＝ニルス・エリク（1985）「障害をもつ人々への福祉のあり方―ノーマライゼーションの思想と実践に学ぶ」『日本ソーシャルワーカー協会会報』7号。
花村春樹訳・著（1994）『「ノーマリゼーションの父」N・E・バンク－ミケルセン―その生涯と思想』ミネルヴァ書房。
ロールズ，ジョン／矢島鈞次監訳（1979）『正義論』紀伊国屋書店。

第Ⅰ部　障害者問題と障害者福祉／第4章

全人間的復権としてのリハビリテーション

1　リハビリテーションとは何か

❶ リハビリテーションの誤用例

　一般にリハビリテーションというと，「(脳卒中の) おじいさんが病院にリハビリに行く」などと使用され，たとえば脳卒中の後遺障害に対する，医学的な運動機能回復訓練と同義であると理解している人が少なくない。確かに，運動機能回復訓練はリハビリテーション活動のひとつであり，技術的にも確立された分野であることは事実であるが，これだけをリハビリテーションと捉えるのは明らかに誤っている。リハビリテーションの目的である「全人間的復権」と，それを実現するための一手段（運動機能回復訓練）を混同する誤りである。

　また，わが国の障害者福祉行政は「リハビリテーション＝更生」とする解釈を長らく維持してきたが，ここにはリハビリテーションのゴールを「職業更生」に設定し，その前提として「身辺自立」をおくという考え方に支配されていたといえる。つまり，「身辺自立」のための手段として運動機能回復訓練等を位置づけ，しかる後に「職業更生」による経済的自活を，という段階論的な「更生（自立）論」に立脚していたといえるであろう。

　いずれもリハビリテーションという概念の誤用，ないしはその一面的な理解の例といえるが，それではそもそもリハビリテーションとは，どのように捉えるべきであろうか。

❷ リハビリテーション＝全人間的復権

　リハビリテーションとは「全人間的復権」［上田，1971：2-3］であると精力

的に主張してきたのは，上田敏をはじめとするリハビリテーション医学研究者であった。上田らの研究に従えば，rehabilitation とは，語源からみると re-（再び）とラテン語の habilis（＝ fit　適した，人間たるにふさわしい）と -ation（～にすること）からなっているので，「再び適したものに（人間たるにふさわしく）すること」(to make fit again) を意味する。要するに「リハビリテーションとは，人間たるにふさわしい権利・資格・尊厳・名誉がなんらかの原因によって傷つけられた人に対し，その権利・資格・尊厳・名誉などを回復すること」［上田，1983：6-7］と理解できるのである。

　わが国の障害者福祉政策に影響力をもつ身体障害者福祉審議会（厚生大臣の諮問機関）の答申を振り返ると，1966年と1970年の答申ではいずれも，リハビリテーションとは心身の機能回復と残存能力の最大限の活用による社会復帰を目標とする，という見解を示していたが，国際障害者年の翌年（1982年）の答申では，それは「障害をもつ故に人間的生活条件から疎外されている者の全人間的復権を目指す技術及び社会的，政策的対応の総合的体系であると理解すべきである」と述べるように，大きな転換を遂げてきた。

　また，政府文書でいうなら，1995年に発表された「障害者プラン――ノーマライゼーション７ヵ年戦略」では，計画の「基本的考え方」として，リハビリテーションを「……ライフサイクルの全ての段階において全人間的復権を目指す理念」としている。政府の公式文書で，リハビリテーションとは全人間的復権をめざす理念であるとその認識を改めたことは，障害者の人権保障の確立をめざす国連の国際障害者年の取り組みと，これに呼応して推進されたわが国の障害者運動と障害者福祉実践の成果と評することができよう。

2　リハビリテーション概念の変遷

　リハビリテーションという語が，障害者分野で使用されるようになったのは，20世紀に入って間もなく起こった第一次世界大戦からである。その点については後述するとして，まずはリハビリテーションという語が，どのような時代的な背景の下で，どのような意味をもって使われてきたのか，その変遷を要約しておきたい［上田，1983：6-12］。

1 「破門の取り消し」から「名誉回復」，そして「犯罪者の更生」に

　この語はまず，キリスト教が支配した中世ヨーロッパで，「破門の取り消し」という宗教的な意味で使われた。この時代，「破門」とは政教一致の国家から，キリスト教徒ではない異教徒と断定されることであり，通常の人間社会の一員とはみなされなくなることであった。したがって「破門の取り消し」とは，人間として扱われなくなった人が，再び人間社会に迎え入れられるということを意味した。すなわち，リハビリテーションとは，人間ではないものとして社会から放逐された人が，「人間たるにふさわしい」(habilis=fit) 状態に復権することであった。

　その後，近代社会に移行すると，この語は「無実の罪の取り消し」というように，非宗教的な意味で使われるようになる。罪を犯していないのに罰せられた人の誤審が取り消され，名誉が回復することを指す。この使用法は現在も生きており，再審によって冤罪が晴らされた場合に，英語では〜 is rehabilitated などの表現が使われている。

　20世紀に入ると，現実に罪を犯し罰せられた「犯罪者の更生」をリハビリテーションと呼ぶようになった。ここには，かつての「目には目を，歯には歯を」という「報復刑」の考え方に代えて，犯罪者の処遇に「教育刑」の思想が導入されたことによっている。つまり，教育刑思想とは犯罪をひとつの社会的な病気と捉え，刑罰はその治療過程とみなすのである。この考え方に立てば，刑罰（治療＝教育）が終われば，その罪が清算され，再びまともな人間に生まれ変わった（更生）と理解されるのである。このような犯罪者の復権・社会復帰，そしてその促進のための事業全体をリハビリテーションと呼ぶようになり，これは現在でも継承されている。

2 障害者のリハビリテーション

　障害者分野でリハビリテーションという語が使われるようになったのは，20世紀に入ってからのことである。1914年に始まった第一次世界大戦は大量の戦傷兵を生み，その身体機能回復訓練や職業訓練，社会復帰のニーズが高まった。戦傷兵のこうしたニーズに対応した医療・福祉従事者から，障害者のための医療・福祉活動を総合的に「リハビリテーション」と呼ぼうという提案が

あった。

　その早期の使用例は、1917年に米陸軍医総監部の下に「身体的機能回復およびリハビリテーション部」（Division of Physical Reconstruction and Rehabilitation）が設置されたことであり、各陸軍病院で戦傷兵に対し理学療法、作業療法、職業訓練が行われた。1918年には「戦傷者リハビリテーション法」が制定され、1920年には一般の障害者も対象に加えるために「職業リハビリテーション法」に改正された。同法は職業に就くために必要な機能回復訓練、職業訓練、補装具の給付などが実施されるようになったが、対象は就労によって納税者になることが見込める障害者に限定されていた。

　このように、第一次世界大戦をきっかけに戦傷者の治療と社会復帰を目的として開始されたリハビリテーションが、1920年代から世界的に大流行したポリオ（急性灰白髄炎）による肢体不自由児者に取り組むことにより、リハビリテーションの技術と理論の基礎が形成された。当時の対象者は、切断者や肢体不自由児者であったが、その後、結核患者や精神病者などにも対象が広がることで、障害者に関してリハビリテーションという語を用いることに違和感がなくなっていった。

　公的用語として定着しはじめるのは、第二次世界大戦中の英米においてであり、イギリスでは1941年に「障害者リハビリテーションに関する各省合同委員会」が設置され、43年に勧告が出された。また、第二次世界大戦後のイギリス福祉国家の枠組みを提案した「ベヴァリッジ報告」（1942年）では、包括医療はリハビリテーションを含むと明記された。アメリカでは「全米リハビリテーション評議会」によって、1943年に「リハビリテーションとは、障害者が可能な限り、身体的、精神的、社会的及び経済的に最高限度の有用性を獲得するように回復させることである」とする定義が発表された。

　なぜこの時期に、障害者に対してもリハビリテーションという語が使われるようになったかについて、上田敏は「ニードの顕在化、それを克服するための技術の発達、そして何よりも障害者自身の人権意識の昂揚」[上田, 1983: 15-16]という3つの要素を挙げている。最後に挙げている「人権意識の昂揚」の内容としては、第一次世界大戦を機に、ヨーロッパの多くの国々で王制が打倒され共和制に移行したこと、さらに1917年のロシア革命の影響により労働運

動が活発化したことなど，民主主義運動の台頭を背景に，障害者問題を人権問題と捉え，障害者も含む国民の健康と福祉の保障を国家の責任として要求する時代に到達したということである。

わが国のリハビリテーションの展開は，明治以降一貫して「富国強兵」政策がとられたため，傷痍軍人には軍人恩給（傷病恩給）と，当時の最高水準の機能回復訓練と職業訓練，補装具の交付など特権的な保護を受けることができたが，それ以外の障害者には家族扶養が優先され，政府によるリハビリテーションの措置はほとんど講じられなかった。

しかし，リハビリテーションという語は用いていないが，1924年頃，それにきわめて接近した「肢体不自由児療育」という概念を提起した人物として高木憲次がいる。[★1]肢体不自由児が必要とするのは治療（医学的リハビリテーション）だけではなく，全人間的な教育（教育的リハビリテーション）も提供すべきであるとして，両者を統合した概念として「療育」を提唱し，1942年には肢体不自由児施設の整肢療護園を開園している。また，現在の身体障害者福祉法でも使われている「肢体不自由」は高木の造語であり，当時使われていた不具，廃疾などの蔑称に代えて提唱したことも付言しておきたい。

3　第二次世界大戦後のリハビリテーションの展開

第一次世界大戦の戦傷者と肢体不自由児等を対象に始まったリハビリテーションは，第二次世界大戦後，対象をさらに拡大するとともに，欧米諸国では医学的リハビリテーション，職業的リハビリテーション，教育的リハビリテーション，社会的リハビリテーションの4分野の確立と相互の連携が進んだ。また，第二次世界大戦以降の先進諸国では，生ワクチンの接種でポリオが，そして抗生物質の普及により感染症が激減し，代わって長命化が進行することで脳血管障害などが増加した。

■1 リハビリテーションのゴールは職業自立か

このようにみてくると，第二次世界大戦以降はリハビリテーションの目標である障害者の「全人間的復権」に向けて順調に発展していったと思われるかも

しれないが，実はこの目標が歪曲して把握されてきたという問題がある。

それはアメリカなどに特にその傾向が顕著に現れていたが，障害者を「税金に依存する者」(tax dependent) から，リハビリテーションを実施することで身辺自立の水準を高め，有給雇用に就かせることで「納税者」(tax payer) に仕立てるという捉え方である。「リハビリテーションの経済的（財政的）効果」などといわれ，リハビリテーションによって扶助費を減らし，障害者を労働市場に送り出すことで生産増と納税増につながる，とする議論である。

また，本章の冒頭でわが国の「更生」行政は，リハビリテーションのゴールを「職業更生による経済的自立」に設定し，「身辺自立」をその前提条件とする構造にあったと述べたが，アメリカの例も含めこれら経済効率優先の立場は，障害者の選別をともなわざるをえないのである。つまり，リハビリテーションを「投資」すれば有利な結果が「回収」されることが見込める障害者と，そうした結果が期待できない重度の障害者とが選別され，後者はリハビリテーションの対象から排除されるという点である。

2 「自立生活運動」のインパクト

アメリカでは1973年に，職業リハビリテーション法が「リハビリテーション法」に改正された。それまでは対象外となっていた重度の障害者や高齢者を加えるとともに，目標も職業復帰だけでなく「自立性の向上」まで拡大した画期的な改正であった。

この法改正にあたっては，重度の身体障害をもつ大学生たちから始まった「自立生活運動」(Independent Living Movement) が，重要な役割を果たした。自立生活運動の出発は，エドワード・ロバーツがカリフォルニア大学バークレー校に入学した1962年とされている［レビィ，1990：5-12］。彼は14歳のときにポリオにかかり，首から下がマヒし，呼吸障害もあり「鉄の肺」のなかで暮らしていた。学力はありながらも障害を理由に入学を拒否されたが，地元ジャーナリズムを味方につけ，ようやく入学許可を得た。入学したものの，重い障害のため受け入れてくれるアパートもなく，キャンパス内にある病院から通学していたが，病院は生活の場とはいえなかった。

当時は公民権法が1964年に制定され，黒人や女性たちの権利獲得運動が昂揚

していた時期にあたり，障害学生もこれらの運動に大きな影響を受けた。1970年，重度の障害があっても地域で生活が営めるよう，介助などを障害学生に提供する「身体障害学生プログラム」をバークレー校で開始し，1972年にはバークレー市に「自立生活センター」(Center for Independent Living) を設立したのである。

　自立生活運動の最大の貢献は自立観の変革にあるといえよう。この時期のリハビリテーションは，まずは「日常生活動作」(Activities of Daily Living：ADL) における自立度を高め，そのうえで初めて職業的・経済的自立があるという技術モデルが支配的であったが，自立生活運動のリーダーたちは，たとえ日常生活を自力では営めず，介助を受ける重度の障害者であっても，その（知的）能力を活かして社会的役割を果たすことができれば，立派に社会的自立を達成しているというものである。また，ほとんどの生活場面で介助を必要とする重度の障害者であっても，人格の独立性，選択と自己決定の権利は最大限尊重されなくてはならないという考え方である。

　これらは従来の自立概念を革新するとともに，「人間らしさ」の本質的要素として，障害によってどんなに行動が制約されていても，人間の根源的自由や自己決定権の承認が不可欠であるとしてその実現を迫るなど，自立生活運動のこの点での貢献は高く評価される。

❸ 自立生活をめぐる問題点

　しかし同時に，自立生活運動の方針については批判があったことも事実である。イギリスのウイリアムスは，自立生活運動の指導者の１人であるデジョングの主張に対して次のように批判している。[★2] ウイリアムスはデジョングの主張の要点を，①最大の問題点は，国家とリハビリテーション専門家による官僚主義的なコントロールによって生じている「障害者の依存性」にあるとして，専門家支配を排除して「障害者の自律性」を再獲得することが最大の課題であり，②そのためには障害者が自由市場の中で消費者としてサービスをコントロールすることが必要であるとしていると要約したうえで，次のような批判を展開している。

　まず，①について，自立生活運動の主要構成部分は若く，男性で，「強い」

人々であるが,実際の障害者の多数を占めるのは高齢女性であり,「強く」なく,自立生活センターの近くには住んでいない人々である,と述べ,「強く」ない障害者,つまり情報入手や自己決定能力に制約のある障害者の課題にも目を向けるべきことを提起している。②については,自由市場のなかで消費者運動として問題を解決しようとする自立生活運動の視点からみると,政府の役割は基本的には消極的なものとなる。しかし現在,社会保障を必要とする人が増え,法制度の充実が求められているのに,その予算は削減されつつある。自助や消費者の選択は価値ある理念ではあるが,「小さな政府」を是認し,社会的経済的に不利な立場にある人々を放置することに道を開きかねない,という危惧である。

　上記のウイリアムスの批判は,おおむね妥当であると考える。特に②に関しては,イギリス福祉国家のこの時点での到達をふまえ,先述したアメリカ的な「リハビリテーションの財政的効果」の議論にも親和性をもつ自立生活運動への鋭い批判になっている。また,①に関するウイリアムスの批判についても納得できるものであるが,デジョングの主張は,これまでリハビリテーションの過程において,本来はその主人公であるはずの障害者が専門家の指導の客体とされ,最終ゴールとされた職業自立やADL自立に至らない者が,しばしば脱落者として扱われてきたことに対する,専門家への厳しい批判であり,反省を迫るという側面があったということは十分理解しておく必要があろう。しかし,「専門家への依存」を「自立生活のパラダイム」における「問題の定義」にまで位置づけるデジョングの主張 [Dejong, 1979：435] には,筆者も疑問を感じざるをえない。

　ウイリアムスとはやや異なる視点からになるが,デジョングの①の主張に検討を加えてみたい。筆者はかつて,福祉サービスが生産労働と異なる点は,生産（サービスの提供）と消費（サービスの利用）が一体化している点にあり,福祉サービスがその目的である利用者の潜在能力・残存能力を引き出すことに成功するためには,サービスの提供（＝利用）過程において提供者と利用者の一体化した参加が要件になること,換言すれば,福祉サービスには提供者と利用者との共同性に特徴があると論じたことがある [鈴木, 2001：80-81]。リハビリテーションを含む社会サービスも,福祉サービスと同様の性格をもっていると

みるべきであろう。

　要するに、デジョングは専門家支配を脱却し、障害者の自律性を再獲得することに自立生活の意義を見出したのであるが、実はリハビリテーションが最も効果を発揮するには、専門家と利用者の共同が不可欠の要件となるのであり、「全人間的復権」に向けた両者の共同性の醸成こそが、新たなリハビリテーション・パラダイムに据えられなければならないということである。

■4 新しいリハビリテーションの定義

　ところで、自立生活運動の提起もふまえたリハビリテーションの定義として注目されるのは、国連の「障害者に関する世界行動計画」(1982年) における次の指摘である。「リハビリテーションとは、身体的、精神的、社会的に最も適した機能水準の達成を可能とすることによって、各個人が自らの人生を変革していくための手段を提供していくことを目指し、かつ、時間を限定した過程である」というものである。

　この定義の意義は、障害者の「全人間的復権」のためには、第1に、従来リハビリテーションが、身体的機能の改善を目的とする医学的リハビリテーションと捉えられることが多かったが、精神的、社会的な機能の達成も課題とすることを明確に示すことで、リハビリテーションの4分野（医学的・職業的・教育的・社会的リハビリテーション）の役割が示された点である。第2には、達成すべき機能水準を決めるのは障害者本人であり、それは「自らの人生を変革していくための手段」であるという点。第3には、リハビリテーションがしばしば期限なしに続けられてきたことへの批判を込めて「時間を限定した過程」としている点などである。

4　全人間的復権の理念の新しい発展── ADL自立からQOL自立へ

　ADL（Activities of Daily Living ＝ 日常生活動作）の自立は、人間の自立性の向上にとって望ましいことではあるが、唯一の前提条件ではない。この点はアメリカの自立生活運動の主張でもあり、ADLの完全な自立がなされなくても、また有給雇用に就けなくても、社会的に有意義な役割を果たすことの方が価値

が高い，という立論は広く受け入れられる考え方である。

　このような考え方から出発して，さらには自己決定権の意義などもふまえ，ADLに代わる新たな考え方として，QOLという概念が障害者のリハビリテーションにも使われるようになった。QOLとは"Quality of Life"の頭文字であり，もともとは経済学用語で「生活の質」と訳された。わが国では高度経済成長の末期頃から使われ始め，経済成長が生活の豊かさにつながっていない現実を批判する文脈でしばしば使われた。

　障害者生活の領域でこの語が最初に用いられたのは北欧諸国といわれ，国際的に普及するのは1980年代からであるが，障害者の生活を考えるとき，労働だけではなく，趣味やスポーツ・文化活動，家庭生活や地域社会への参加などによって「豊かな暮らし」を営めるようにすることが重要であるというものであった。ここに示されているように，障害者の労働と「生活の質」とは対立するものではなく，前者は後者に含まれるものであるが，従来のリハビリテーションの技術モデルでは，労働のみがゴールに位置づけられ，他の日常生活領域における自立はそのための手段とされてきた経緯もあり，QOLはリハビリテーションの新たな目標となりうる概念として受けとられた。

　ところで上田敏は，lifeとは①生命，②生活，③人生という意味があることから，QOLに「生命の質・生活の質・人生の質」という訳語を採用し，QOLの構成因子として「ADL，労働・仕事，経済生活，家庭生活，社会参加，趣味，文化活動，旅行・レジャー活動，スポーツ等」［上田，1983：45-50］を挙げている。このようにQOLはADLと比べればはるかに広い領域を構成因子として含んでいることから，QOLとは人間の生命・生活・人生の全体を対象とする概念といえる。QOLの自立とは，誰ともとりかえることのできないその人の人間としての自立，その人らしさの実現を支える目的概念でもあるといえる。

　「全人間的復権」の理念の発展は，こうしてADL自立に代えてQOL自立という新たな概念を創造したのである。リハビリテーションにおけるこのような理念的発展は，自然的・社会的原因によって生じている制限・抑圧からの全面的な解放をめざす人類史的課題の一翼を担っているといっても過言ではないであろう。

1 髙木憲次の業績については，日本肢体不自由児協会編（1967）『髙木憲次―人と業績』日本肢体不自由児協会，参照。
2 佐藤久夫（1999）『障害者福祉論〔第3版〕』誠信書房，42-43頁，に両者の意見が要約して紹介されているので参照のこと。

[参考文献]
上田敏（1971）『目でみるリハビリテーション医学』東京大学出版会。
上田敏（1983）『リハビリテーションを考える―障害者の全人間的復権』青木書店。
鈴木勉（2001）「社会保障と非営利組織」『講座：社会保障法第6巻　社会保障法の関連領域』法律文化社。
砂原茂一（1980）『リハビリテーション』岩波新書。
レビィ，チャワ・ウィリグ／全身性障害者問題研究会訳（1990）『自立生活運動人物史』全身性障害者問題研究会。
Dejong, D. (1979) Independent Living; From Social Movement to Analytic Paradigm. *Arch. Phys. Med. Rehab*, 60.

第Ⅰ部　障害者問題と障害者福祉／第5章

障害概念の検討と
日本における障害の法的定義の問題点

1 　障害とは何か

■1 障害の表記をめぐって

　障害について、「害」という言葉の語感の悪さを懸念して、「障がい」あるいは「障碍」（ただし「碍」は当用漢字にはない）を使用する例が増えている。さらには、「障」という字が「障り」の意であることから「しょうがい」と平仮名表記する研究者もいる。

　しかし、確認しておきたいのは、「障り」や「害」は障害のある人が社会にそれらを与えるのではなく、障害のある人が生きていくうえで「障り」や「害」を受けている存在であるという事実である。また、「碍」にみるように、戦前は使われていたが、戦後の改革でこの語の使用が制限された経過もふまえておく必要もある。本書ではこうした点に留意しながらも、現行法令の表記に従って「障害」を使用している。

　また、もう1つの気がかりは、「障がい」表記にこだわる人が、安直に「障がい者」と表記する例が多い点である。障害のある人は障害だけに規定された存在ではなく、他にも様々な属性をもち、生きるなかでその人らしさを発揮していく人間存在である。だから、あえて表記すれば「障害（がい）がある人」というべきであろう。英語でも現在では、"persons with disabilities" という。本書では「障害者」と略記する場合が多いが、「障害のある人」の意味であることを再確認しておきたい。筆者が学生時代に、米文学専攻の教員が当時（1970年代）のアメリカでは「"disabled persons"というのが一般的だが、"challengers"（挑戦者）という言い方もある」と紹介してくれたことを思い出す。

2 「障害＝個性」論について

 「障害は個性だ」という主張がある。障害という言葉には「〜できない（disable）」という否定的な語意があるので、それを和らげようとする善意の発想に立っているとは思う。しかし、今から二十数年前になるが、視覚障害のある人を含む数人で雑談をしていたとき、ある人がこの言葉を使ったことがあった。そのとき、視覚障害のある人はしばらく考えた後で、「個性というのは、その人らしさを意味する語ですね。私らしさを眼が見えないことだけで表現されるのは変だと思うし、納得できない。自分らしさというのは、これまでの人生のなかで培われてきた生きるスタンスを指すのではないか」と言われた。

 彼は戦後直後の広島で生まれ、食糧事情の悪いなかで栄養失調によって幼児期に失明したという。彼は自分の視覚障害の原因は、敗戦と被爆後の飢餓的生活にあり、障害が自然にもたらされたのではなく戦争被害の一部と捉えており、平和運動や障害者運動にも参加されていた。「個性＝その人らしさ」を構成する部分の１つとして障害はあるかもしれないが、彼の場合は平和運動に参加し、障害者問題の解決にあたるなかで、障害を生んだ社会構造と闘い、その過程で個性＝彼らしさを形成してきたのだと考えた。つまり、その障害のみをもってその人の個性とはいえず、障害の原因を問い、それと闘うことで彼らしさをつくり上げてきたのだと思った。

 初めて聞く彼の半生に思いを馳せながら、筆者も「障害＝個性」論に違和感をもち、障害は個性とはいえず、「属性」のひとつではないかと考えた。人種や年齢、性別などを属性と呼ぶが、障害もそのひとついえるのでないか、というものである。さらに付け加えるのなら、障害は「個人の暮らしや諸活動を制限する側面をもつ属性」というべきではないかと考えている[★1]。

 以前、LGBT（性的少数者）に対して、「生産性がない」と極右政治家が非難したことがあった。人間存在の多様性を認めない人から、LGBTという属性をもつ人が「（子どもを生まないので）生産性がない」と否定されたが、これと同じ論理で、障害という属性がある人も「一人前の生産力足りえない」とマイナスに評価されてきたといえよう。つまり、「障害は個性だ」と言葉の言い換えをしても、障害による暮らしと社会参加の制限・制約は解消されるものではないのである。

3 障害をどのように捉えるべきか──WHOの「国際障害分類」と「国際生活機能分類」

(1) WHOの「国際障害分類」(ICIDH.1980)

障害に関する科学的研究の歴史は浅い。研究の担い手はWHO(世界保健機構)であった。WHOは、もともとは病気や死因の分類として出発した国際疾病分類(International Classification of Diseases, ICD. 初版1893)の第9回修正会議(1975年)の準備過程で「障害の分類を含めるべきだ」との意見が出され、その作成を依頼されたイギリスのフィリップ・ウッドが、"International Classification of Impairments, Disabilities and Handicaps, ICIDH"の表題で発表した。

これが障害研究の出発点となった。注目されるのは障害を3つのレベルで捉えたことにあるが、分類が不備なこともあって後に修正され、1980年にWHOから「国際障害分類」として発表された。タイトルはウッドが示した表題と同様の"International Classification of Impairments, Disabilities and Handicaps, ICIDH"であった。

図5-1に示すように、一番左の「疾病または変調」(disease or disorder)が「機能・形態障害」(impairment)を生じさせ、それが能力障害(disability)につながり、そして「社会的不利」(handicap)を導くとして、3つのレベル間に矢印が示されている。さらに、機能・形態障害から能力障害を引き起こさないのに、社会的不利にいたる矢印もあるが、これは顔面の大きい痣(形態障害)が就職・結婚などを困難(社会的不利)にする例である。

ICIDHは、生体に生じた障害(impairment)と個人レベルでの障害(disability)、そして社会レベルにおける障害(handicap)を区別し、3つの次元で障害を捉えた点で画期的であった。障害研究が医学の領域を超え、初めて社会的な視点を導入した点は、障害による個人の暮らしの制限(能力障害)や諸活動の

図5-1 ICIDHの概念モデル

疾病または変調	機能・形態障害	能力障害	社会的不利
Disease or Disorder →	IMPAIRMENT →	DISABILITY →	HANDICAP

出典:WHO, ICIDH, 1980年.

制約(社会的不利)を緩和・解消する政策の立案につながる。このように障害を3つのレベルで構造的に把握する視点は、国連の国際障害者年(1981年)の「世界行動計画」に継承され、「機能・形態障害」があっても「能力障害」や「社会的不利」につながることを阻止する障害者政策の改革に大きな影響を与えた点でも重要であった。

しかし、ICIDHの図式では、疾病・変調と障害の3つのレベルの間を左から右への矢印で結ばれていることに対して、機能・形態障害が必ず能力障害につながり、さらに社会的不利へと導く運命論的なモデルだと批判がなされた。ICIDH本文では、この矢印とは「逆方向の影響もある」と述べ、そうした見解には立っていなかったが、図にそれがわかりやすく示されていなかった点に原因があった。ICIDHに対する批判としてはそれに加え、障害のある人はマイナスの影響を受けているが、それを上回るプラスの側面ももっているのに、それを捉える枠組みになっていない点、さらに、障害の発生には環境が大きく影響するが、その点の考察を欠いているなどの指摘があり、改訂作業が行われることになった。WHOの下で、この作業には障害当事者も参加する一方、従来は欧米中心であったのが、日本をはじめとする非欧米諸国も検討に加わって、2001年のICF(国際生活機能分類)の発表につながったのである。

(2) WHOの「国際生活機能分類」(ICF. 2001)の特徴

第5回世界保健会議(WHO総会、2001年)で採択された「国際生活機能分類」(International Classification of Functioning, Disability, and Health, ICF)のモデルを図5-2に示した。ICFモデルは、図5-1のICIDHモデルと比べるとかなり複雑になったが、ICIDHへの先に述べた批判をふまえて、障害の理解が格段に進んだことがわかる。以下ではICFモデルの基本的な特徴をあげ、それを通してICFモデルの説明を行う。[★2]

① プラスに目を向ける「生活機能」に

最大の特徴は、ICIDHが「障害」というマイナス面(人が生きる上での困難・制限)に着目した分類であったのに対し、ICFは「人が生きること」の全体を示す「生活機能」(functioning)というプラス面の分類へと視点を転換したことにある。人は障害だけに一方的に規定されるのではなく、残存能力(現にあるプラス)や潜在能力(隠されたプラス)をもっている点に分析視点を移したとい

図5-2 ICFの「諸次元の相互作用」

```
            健康状態 Health Condition
            (変調／疾病 Disorder/Disease)

  心身機能・構造      活 動         参 加
  Body Function    Activity    Participation
  & Structure

        環境因子              個人因子
   Environmental Factors    Personal Factors
```

出典：WHO, ICIDH, 2001年．

えよう。図5-2の中央列に「心身機能・構造」「活動」「参加」が並んでいるが，これら3者すべてを含む包括的な概念を「生活機能」とした。以下，人が生きることを意味する生活機能を構成する上記の3つの概念を説明する。

「心身機能・構造」は，人間の生物レベルで生きることを捉える用語である。「心身機能」を例示すると，手足の動き，視聴覚の機能，精神活動の機能などを指し，「構造」とは手足・体幹の一部や内臓の一部など，体の部分のことをいう。

「活動」とは生活レベルの具体的な行為を指し，日常的な生活行為，つまり生きていくために必要な歩行，洗顔や，食事，衣服の着脱，トイレや風呂の使用をいう。また，こうした日常的な行為だけでなく，仕事に行くために電車に乗る，職場で機械を動かす，食事や掃除などの家事行為，余暇活動など社会生活上必要な行為がすべて入る。

「参加」とは人生の諸局面で遭遇する状況に関わり，そこで果たすべき社会的役割や社会活動をさす。つまり，一般にいわれる社会参加にとどまらず，家庭や職場での位置・役割，趣味の活動への参加，さらに地域活動や政治活動への参加など，多様な社会的活動への参加をいう。

要するに，ICIDHは「障害」というマイナス面に焦点をあてたのに対し，ICFは「生活機能」＝「人が生きること」というプラスの側面に分析の立脚点を移したのであり，発想の大転回を行ったといえる。それらが問題を抱えた否

表 5-1　ICIDH および ICF の諸概念の表現

	ICIDH（1980）	ICF（2001）	
	否定的	否定的	肯定的
次元(1) 生物	機能障害 Impairment	機能障害 Impairment	心身機能・構造 Body Function and Structure
次元(2) 個人	能力障害 Disability	活動制限（活動障害） Activity Limitation	活動 Activity
次元(3) 社会	社会的不利 Handicap	参加制約（参加制限） Participation Restriction	参加 Participation
包括用語	病気の諸帰結 Consequences of Desease(Disablement)	障害 Disability	生活機能 Functioning

出典：WHO, ICIDH および ICF より作成。

定的な側面は，生物レベルでは「機能障害（構造障害を含む）」，生活レベルでは「活動制限」，人生レベルでは「参加制約」とされ，それらの総称を「障害（disability）」と呼ぶ。こうした変化は，1981年の「国際障害者年」とそれ以降の国連の人権保障運動の反映とみることができる。特に障害当事者が "Nothing About Us Without Us"（私たちを抜きにして私たちのことを決めないで）を掲げてこの運動に参加したことは，これまで社会の傍流におかれてきた障害当事者が，主体者として歴史の舞台に登場したことを意味している。表 5-1 に ICID と ICF の諸概念の表現（否定的，肯定的）を示す。

② 要素間の双方向性（相互作用モデル）を提示

ICIDH の図式では，障害の3つのレベルの間を左から右への一方向の矢印で結んでいたことから誤解や批判を招いたが，ICF では矢印が双方向になっている。図 5-2 に見るように，各要素間が双方向の矢印で結ばれている。各要素が相互に影響しあっており，「相互作用モデル」といえる。以下，例を挙げて双方向性をとったことの意味を確認する。

第1は，「心身機能・構造」と「活動」の相互作用についてである。「心身機能」が低下し，手足の動きの困難が生じると「活動の制限」（歩行困難）が起こる。この例は因果関係がわかりやすいが，逆の例もあるということである。つまり，何らかの事情によって「活動」が低下することにより，廃用性症候群（いわゆる生活不活発病）という「心身機能」の減退をもたらす可能性も考え

必要があるという点である。

　第2は,「活動」と「参加」の相互作用である。「活動」が低下して歩行困難になると, 就労や買い物, 趣味の会や市民活動などの「参加」は制約される。また, 様々な原因で「参加」が制約されると, それは直接「活動」の制限につながる。例示すれば, 中途障害を受けて退職すると, かつて仕事を行ううえで行っていた諸「活動」をしなくなるだけでなく, 外出などの「活動」も減少する。このような結果,「活動」の量が減ると先述した廃用性症候群を引き起こし, それが活動を低下させ,「参加」をいっそう悪化させる。プラスの側面からみると, 歩行訓練や車椅子の使用により「活動」が向上すれば, 社会「参加」も進む可能性が高まる。さらに,「参加」が進めば「活動」の向上につながる。また,「参加」の向上のためには, それを現実化する社会的手立てが必要になることはいうまでもない。「参加」を促進するためには, 個人的努力では限界があるので, それを実現する社会的方策の確立が要請される。

③ 「環境」を位置づける

　ICIDHへの批判の1つは, 障害のある人に大きな影響を与える環境が位置づけられていない点にあった。ICFではこの点について, 生活機能に影響を与えるファクターとして,「環境因子」と「個人因子」の2つからなる「背景因子」を導入している。

　ICFがいう「環境因子」には, 建物・道路や交通機関などの社会環境や自然環境だけでなく, 人的な環境, 社会意識としての環境（社会の障害者観など）や制度的な環境（サービスや法制度）を含めて広く環境を捉えていることが特徴である。

　「環境因子」と「生活機能」との関係では, 制度やサービス（環境）の不足が生活機能にマイナスをもたらす例が多いが, 下肢の筋力低下（機能障害）に変化がなくても, 適切な歩行の補助具や装具が提供され, バリアフリー（物的な「環境因子」）が進み, 歩行訓練（制度的な「環境因子」としてのサービス）が行われれば, 移動が可能となる（「活動制限」の回避）などが挙げられる。

　また,「個人因子」とはその人の特徴をさす。しかし, 個人因子はモデルには加えられたものの, その分類は将来の課題とされて,「年齢, 性別, 民族, 生活歴, 価値観, ライフスタイル, コーピング・ストラテージ（困難に対処し

解決する方法)」等々が挙げられている程度である。形成途上の概念ではあるが，その人の属性とともに個性も含まれている点が注目される。特に医療・福祉の対人援助職にとっては，提供するサービスが画一的であってはならず，利用者の個別性を尊重すること（オーダーメイド）が原則といえるので，本人の属性や価値観，生き方をさす「個人因子」の分類を進めることができる職種といえよう。

④ 「疾病・変調」から「健康状態」に

ICIDHでは障害を起こす原因は「疾病・変調」とされていたが，ICFではそれらを含み，さらに妊娠・加齢・ストレス状態など，幅広く捉えるユニバーサルモデルに変化した。妊娠や加齢は普通の人生で遭遇することであって，異常とはいえないことから，「健康状態」という肯定的な表現に代えたのである。つまり，ICF は「障害の分類」ではなく「すべての人の分類」をめざしているといえよう。

2 ICFの活用

ICIDHの最大の貢献は，障害を1つの塊とみるのではなく3層の構造によって成り立つとした点にある。「疾病・変調」を原因とする「機能・形態障害」が，なぜ障害がある人の「日常生活に困難」をもたらし，「社会生活上の不利益」を引き起こすのか，という障害者問題の発生メカニズムとその解決策を究明する扉を開いたと評価できる。ICFでは「生活機能」概念や「環境因子」を導入するなどの拡充が行われたが，この観点は保持されている。

ところで，ICFは「共通言語」だといわれる。その意味は，当事者に対する医療・介護・福祉・教育・就労支援などサービスを提供する場面での活用にあたって，ICFは当事者を含め関係職種間の相互理解を推進する「共通言語」を提供しているからである。つまり，ある人の全体像を正確に捉えるとともに，それを他の専門職との協働を可能とするツールになっているのである。

■ ICFは「統合モデル」

人の生活機能の全体を捉えるためには，「生活機能」を「心身機能・構造」

「活動」「参加」の3つのレベルで把握し、「健康状態」と「背景因子」（「環境因子」と「個人因子」で構成される）も含めて、その人の全体像を偏りなく捉えなければならない。

　障害の捉え方をめぐって、①医学モデル、②社会モデル、③統合モデル、と称される3つのモデルがある。①の医学モデルは、「心身機能・構造」（むしろ疾病・変調）を過大に捉え、その状態によって「活動」も「参加」も決定されてしまうと考える立場である。したがって問題を解決するには、「心身機能・構造」を改善する以外には方法がないとして、「活動」レベルや「参加」レベルへの働きかけを軽視することになる。現在でも医療関係者の一部にはこの影響は残っているが、「医学モデル」は基底還元論ともいうべき、一面的な障害理解にとどまっているといえる。

　それと正反対に、②の「社会モデル」は「環境」を重視する立場に立っている。その着眼は誤りとはいえないが、「環境」を過大視して「心身機能・構造」と「活動」を軽視する点に問題がある。「障害をつくるのは社会の環境にある」と言い切って、極端な例では、「心身機能」の低下は単なる個人差であり、障害ではないという主張もある。「社会モデル」には福祉関係者と「医学モデル」に限界を感じた医療関係者に支持が多く、「ICFは社会モデル」と断言する論者もいるが、環境因子を最重要視して、「健康状態」や「心身機能・構造」の状態改善を軽視することは、結果として「生活機能」「健康状態」「環境因子」それぞれの相対的独立性を無視することになり、それらの改善の働きかけを弱めてしまう。具体例では、歩行や日常生活の維持に困難が生じたときに、歩行などの日常生活行為を向上させる支援を行うのではなく、住宅改造や車椅子の導入など「環境因子」のみの働きかけで解決しようとする考え方である。この論は、医学モデルとは正反対の立場にはあるが、「環境因子」を最優先して、それが「生活機能」を一方的に規定する、と単純化する点に問題がある。

　ICFは「医学モデル」や「社会モデル」のような極論を示しているわけではない。上田敏（リハビリテーション医学）は、ICFは先に挙げた③の「統合モデル」（「生物・心理・社会モデル」）というべきだと主張し［上田，2005：28-30］、以下に示す3点がその特徴であると述べている。

　第1は、「生活機能」の一部（「心身機能」の低下）ないしは「環境因子」をそ

の人の状態の決定因子とするのではなく，生活機能の3つのレベル全体を捉える点にある。つまり，医学モデルや社会モデルのように，ある要素のみを取り上げ，その状態改善に集中することで他のレベルの取り組みを軽視するモデル化ではないのである。あえていうなら「(医学・社会の)統合モデル」ということもできよう。

第2は，生活機能の3レベルが相互に影響を与えあい，さらに一方では「健康状態」，他方では「環境因子」と「個人因子」が生活機能の3レベルと相互に作用しあっていることをふまえる点である。

第3には，ICFは「プラス面」から人を捉え，マイナス面をプラス面から位置づけ把握することにある。上田は，マイナス(障害)がその人の生活や人生のすべてを規定しているわけではなく，現に存在しているプラス(残存能力)だけなく，隠れたプラス，すなわち潜在的な生活行為能力や拡大することのできる社会的役割を引き出し，伸ばすことを主として，マイナス面を減らすことが真のリハビリテーション(全人間的復権)であると述べている。

2 ICFの活用法

ICFは，障害のある人への個別支援計画やケアマネージメントなどに活用されている。詳しくは類書(諏訪・大瀧[2005]など参照)に譲るが，ここでは政策面での活用事例として，佐藤久夫(障害者福祉論)が障害の3つのレベルを構造的に把握する視点から，わが国の精神保健福祉政策の展開を概括しているので紹介する[佐藤, 2011]。

佐藤は，わが国の精神障害者施策は1950年の精神衛生法制定以降，病気の治療対象(当初は入院治療のみ，1965年からは通院も対象に)としてきたが，1987年の精神保健法からは「活動制限」に対応した社会復帰施設ができ，1995年には精神保健福祉法に改正され，グループホームやホームヘルプ制度などが設けられ，「参加制約」に対応するようになったとして，図5-3のように図式化している。

政策次元における精神障害者に関する捉え方の変遷をみると，1984年までは「病者であるので医療だけで足りる」(同年，国会での厚相答弁)であったが，1986年の公衆衛生審議会の意見具申では「病者というだけでなく，社会生活遂

図 5-3　精神保健福祉政策の展開

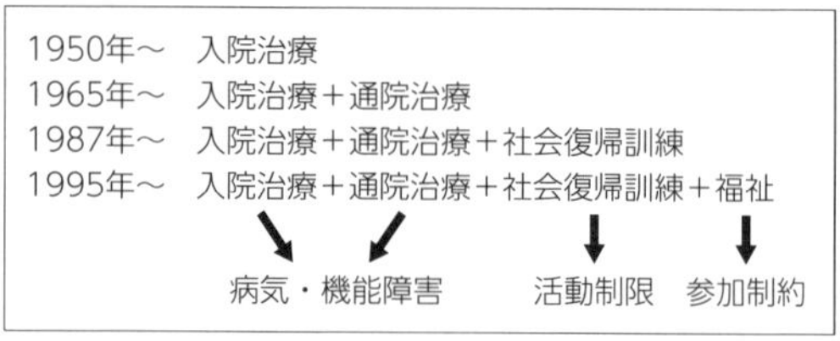

```
1950年～　入院治療
1965年～　入院治療＋通院治療
1987年～　入院治療＋通院治療＋社会復帰訓練
1995年～　入院治療＋通院治療＋社会復帰訓練＋福祉
                ↓         ↓           ↓        ↓
              病気・機能障害   活動制限    参加制約
```

出典：[佐藤, 2011]

行上の困難，不自由，不利益を有する障害者である」とされ，これが1987年の法改正（精神保健法）によって「社会復帰施設」の創設につながったのである。さらに1995年の法改正（精神保健福祉法）があり，厚生省は改正主旨を次のように説明している。「精神障害者については，精神疾患があることにより，ディスアビリティ（能力障害）があり，日常生活又は社会生活を営む上でのハンディキャップがあるため，これを補うための援助を行い，ノーマライゼーションを図ろうとするものである」。

わが国の精神障害者施策については依然として「入院中心」であり，国際比較でも長期入院者の占める割合が高く，批判が寄せられているが，政策主体の認識レベルではあるが，精神障害の構造的把握においてはICIDH，ICFに基づいた見解を示している点を確認しておきたい。

3 形成途上の「生活機能」

これまで説明してきたように，ICFはICIDHとの比較では「障害⇒生活機能のマイナスの側面」の構造的把握に画期的な前進を導いた。しかし，ICFは完成品とみなしてよいのであろうか。

(1) **障害のある人は障害をどうのように受けとめるのか──「主観的障害」の問題**

ICFの残された最大の課題は，「生活機能の主観的次元」，すなわち障害のある人は障害をどのように受けとめるかという問題の解明である。上田敏はICIDHが発表された翌年（1981年），「ここ（ICIDH）で取り上げられている障害は結局客観的に存在する障害のみであり，このほかに障害のある人の心の中にある主観的障害というものがある。障害のある人を総合的に理解・把握する

ためにも，そしてその上に立って真に効果的にリハビリテーション的な働きかけをするためにも主観的障害の理解が重要である」[上田，1981]と指摘している。さらに主観的障害は，疾患および客観的障害（機能・形態障害，能力障害，社会的不利）の影響を受けて生じるとともに，客観的障害にも影響を与え，相互作用すると述べている。

この指摘は，障害のある人の自立・独立を検討するうえで欠くことのできない論点であり，ICFにおいても重要な研究課題であると明記され，現在WHOの下に研究チームが設置され，上田がリーダーになって研究が進められている。

(2) 「第三者の障害」

ある人が障害を受けると，その家族や身近にいる人に様々な影響を及ぼす。家族に精神障害者の兄がいるというだけで，妹の結婚にトラブルが生じるというのは，残念ながらよくある例である。つまり，障害はそれを受けた当事者だけでなく，家族など周りの人々の「生活機能」のすべてのレベルに悪影響を引き起こす場合がある。この問題をどのように捉え，解決していくのか，残された課題の1つといえよう。なお，この点については，本書第13章「障害者・家族のライフサイクルと社会的支援」で述べられているので，参照していただきたい。

(3) 「活動」と「参加」の分類の不備

ICFの文書の大半は，1400以上ある「分類」項目（第1レベルの大分類から第4レベルまである）とその解説にあてられている。表5-2では第1レベルの「大分類」を紹介したが，「心身機能・構造」については整理のしやすさを考慮して「心身機能分類」と「身体構造分類」に分かれた。問題は「活動」と「参加」の分類であり，活動と参加それぞれ独立した分類にはなっておらず，「活動と参加」が一括りにされている点にある。活動と参加については，外出を例にすれば，それが個人的なものか社会的なものかの区別がはっきりせず，とりあえず「活動と参加」とまとめた分類となった。障害者の社会参加を進めるうえでは重要な論点であり，次回改定時の課題となっている。

表5-2 ICFの大分類（第1レベル）

心身機能	1章	精神機能
	2章	感覚機能と痛み
	3章	音声と発話の機能
	4章	心血管系・血液系・免疫系・呼吸器系の機能
	5章	消化器系・代謝系・内分泌系の機能
	6章	排尿・性・生殖の機能
	7章	神経筋骨格と運動に関連する機能
	8章	皮膚および関連する構造の機能
活動と参加	1章	学習と知識の応用
	2章	一般的な課題と要求
	3章	コミュニケーション
	4章	運動・移動
	5章	セルフケア
	6章	家庭生活
	7章	対人関係
	8章	主要な生活領域
	9章	コミュニティライフ・社会生活・市民生活
環境因子	1章	生産品と用具
	2章	自然環境と人間がもたらした環境変化
	3章	支持と関係
	4章	態度
	5章	サービス・制度・政策

注：身体構造分類は省略
出典：WHO, ICF 2001年.

3　日本における障害の法的定義の特徴とその課題

　前節までで障害概念の国際的到達点をみてきたが，本節では，日本の各法における障害（者）定義の特徴と，それが障害者・家族の生活に及ぼす影響という点から課題を論じる。

1 日本には障害者が少ない？

　『平成30年度版　障害者白書』では，国民のおよそ7.1％が何らかの障害を有していることが報告されている。これを人口1000人あたりの人数でみると，身体障害者は34人，精神障害者は31人，知的障害者は9人となる。
　人口に占める障害者の割合を国際比較するのは，国により障害の定義の違い

表5-3 各国の障害者率*と相対的貧困率**（20-64歳人口）
(単位：％)

	障害者率	相対的貧困率
スウェーデン	20.5	9.1
ポルトガル	19.0	12.5
オランダ	18.8	8.3
デンマーク	18.5	5.5
イギリス	18.2	11.1
ドイツ	18.0	10.1
ノルウェー	17.0	8.2
カナダ	16.0	12.4
フランス	16.0	8.3
スイス	14.5	9.1
ポーランド	14.3	10.3
オーストリア	12.8	9.8
オーストラリア	12.5	12.1
スペイン	11.5	15.5
ベルギー	11.0	9.7
アメリカ	10.5	17.8
メキシコ	7.3	16.7
イタリア	7.0	13.7
日本	4.4	15.7
韓国	3.0	13.8

出典：＊[勝又, 2008]に加筆・修正。＊＊OECD Date "Poverty rate"

や計測の方法に違いがあるため容易ではない。勝又[2008]は，OECDや厚生労働省の調査結果をもとに，稼働年齢（20〜64歳）に占める障害者率を算出している。その結果は，表5-3に示したとおりであり，日本を除くOECD19か国の平均障害者率は14.0％となり，日本のそれを大きく上回っている。

　特別な事情がない限り，人種や民族間に障害者の出現率の差異はないとされているが，統計的にこれほどの開きが生じる原因は何であろうか。その答えは，端的にいうと，各種政策が対象とする対象者の限定度合い，すなわち，財源との関係でどれだけの人を対象とできるのかというきわめて行政的な都合によるものである。平たくいえば，障害福祉にどれだけ予算を割くかという国家の姿勢の表れとも捉えられる。OECDの統計によると，2015年の障害関係への公的支出は，障害者率上位のスウェーデンが4.1％，オランダ3.4％，デンマーク4.4％，OECD平均が1.9％であったのに対し，日本は1.0％と公的支出の低いグループに属している。[3]

このように障害の出現率の低さと障害者福祉にかかる公的支出が低いことは関連している。そのことが障害当事者・家族の実際の生活にどのような影響を及ぼしているのかについて、本節では考えていきたい。

2 障害の法的定義とその特徴

現在、障害者の権利や生活に関わる法律としては、差別禁止、社会福祉、所得保障、労働、住宅、医療など多岐にわたる。さらに実際の制度やサービスの運用においては、国会で制定される法律や内閣が制定する政令、関係機関から出される通達など多様な次元のものによって規定される。

その中で、障害者（児）を定義する法律は、代表的なものでも、表5-4にあるように多くが存在している。

日本においては、多様な法律の中で障害（者）が法的に定義されており、それぞれは法目的に沿って、異なる対象像を想定しており一様ではない。日本における法的定義の特徴は、以下の3点にまとめられるであろう。

(1) **法目的により障害認定の視点に違いがあること**

第1に、各法律の目的が啓発を目的としたものか、あるいは制度や福祉サービス等の根拠となるものかという点における違いがあることである。

例えば障害者基本法は、第1条の目的において「障害者の自立及び社会参加の支援等のための施策に関し、基本原則を定め……基本となる事項を定める」とあるように、障害者施策の基本理念や基本枠組みを示したものである。そこでは、手帳制度により障害認定されない者や難病なども含め、「日常生活または社会生活」に制限がある者と幅広い障害者を念頭においている。それは本人側の障害のみならず、第2条において「社会における事物、制度、慣行、観念」などの「社会的障壁」も含むと定められているように、「社会モデル」の考え方が採り入れられているからであり、その背景としては、2006年に国連総会において採択された障害者権利条約（日本が批准したのは、差別解消法制定後の2014年）において障害の「社会モデル」が明確に位置づけられたことの影響も大きい。

一方で、身体障害者福祉法や「障害者の日常生活及び社会生活を総合的に支援するための法律」（以下、障害者総合支援法）、「障害者の雇用の促進等に関す

表5-4 障害者(児)を定義する主たる法律

法律名	条・項	
障害者基本法	第2条1項	身体障害,知的障害,精神障害(発達障害を含む。)その他の心身の機能の障害がある者であって,障害及び社会的障壁により継続的に日常生活又は社会生活に相当な制限を受ける状態にあるものをいう。
身体障害者福祉法	第4条	「身体障害者」とは,別表に掲げる身体上の障害がある十八歳以上の者であって,都道府県知事から身体障害者手帳の交付を受けたものをいう。
障害者総合支援法	第4条	「障害者」とは,身体障害者福祉法第四条に規定する身体障害者,知的障害者福祉法にいう知的障害者のうち十八歳以上である者及び精神保健及び精神障害者福祉に関する法律第五条に規定する精神障害者のうち十八歳以上である者並びに治療方法が確立していない疾病その他の特殊の疾病であって政令で定めるものによる障害の程度が厚生労働大臣が定める程度である者であって十八歳以上であるものをいう。
発達障害者支援法	第2条1・2項	・「発達障害」とは,自閉症,アスペルガー症候群その他の広汎性発達障害,学習障害,注意欠陥多動性障害その他これに類する脳機能の障害であってその症状が通常低年齢において発現するものとして政令で定めるものをいう。 ・「発達障害者」とは,発達障害を有するために日常生活又は社会生活に制限を受ける者をいい……(略)。
障害者雇用促進法	第2条1～6項	・身体障害,知的障害,精神障害(発達障害を含む)その他の心身の機能の障害があるため,長期にわたり,職業生活に相当の制限を受け,又は職業生活を営むことが著しく困難な者をいう。 ・身体障害者:障害者のうち,身体障害がある者であって別表に掲げる障害があるものをいう。 ・重度身体障害者:身体障害者のうち,身体障害の程度が重い者であって厚生労働省令で定めるものをいう。 ・知的障害者:障害者のうち,知的障害がある者であって厚生労働省令で定めるものをいう。 ・重度知的障害者:知的障害者のうち,知的障害の程度が重い者であって厚生労働省令で定めるものをいう。
国民年金法	第30条2項	(障害基礎年金 支給要件) 障害等級は,障害の程度に応じて重度のものから一級及び二級とし,各級の障害の状態は,政令で定める。

る法律」(以下,障害者雇用促進法),あるいは国民年金法など,当該法律に基づき何らかの制度や福祉サービスの対象者を規定するものについては,基本的に医学モデルに基づいた,厳密な障害認定がされ,対象者を制限する方向で定められている。

　このように障害の法的定義は,国の障害者施策の方向性を定める理念的法律

では幅広い層を想定するが，その下で現実の制度やサービスを規定する法律では，対象者を限定する方向性をもつというように矛盾した状況がみられる。

(2) 障害種別により認定方法に違いがあること

　第2に，障害種別による認定方法の違いがあげられる。日本では，障害者の認定に際して，手帳制度が用いられており，障害者手帳は各種制度や福祉サービス，助成や減免などを受ける際に重要な役割を果たす。しかし，その認定方法をめぐっては，障害種別や地域により違いがあり，当事者にとってはわかりづらさにもつながっている。身体障害の場合であれば，身体障害者福祉法において「別表に掲げる身体上の障害がある十八歳以上の者」と定められており，それに基づき，都道府県知事から身体障害者手帳の交付を受けることとなる。別表には，①視覚，②聴覚または平衡機能の障害，③音声機能，言語機能，またはそしゃく機能，④肢体不自由，⑤心臓，腎臓もしくは呼吸器またはぼうこうもしくは直腸，小腸，ヒト免疫ウイルスによる免疫もしくは肝臓の機能などの部位ごとに1級から7級までの障害程度の範囲が示されている。例えば視覚障害の場合，1級は「視力の良い方の眼の視力が0.01以下のもの」，2級は「視力の良い方の眼が0.02以上，0.03以下のもの」，3級は「視力の良い方の眼の視力が0.04以上0.07以下のもの」というように，身体状況と等級が連動しており，かつその基準が明確であるので，基本的には全国一律の認定がなされる仕組みがある。

　一方で，知的障害の場合は，知的障害者福祉法において，その対象規定はなされておらず，手帳制度も定められていない。しかし，1973年の厚生事務次官通知「療育手帳について」（発児第156号）によって，知的障害児者が「各種援助措置を受け易くするため」に，知的障害児者またはその保護者が，福祉事務所に申請して，児童相談所または知的障害者更生相談所における判定に基づき，都道府県知事が手帳を交付することを定めている。障害程度については，「日常生活において常時介護を要するもの」という重度（A）とそれ以外（B）という2等級が定められているが，実際には，自治体によって「（最重度）重度，中度，軽度」と3等級，ないしは4等級で判定されていたり，手帳の名称も「愛の手帳」（東京都，横浜市），「愛護手帳」（名古屋市，青森県）などと異なっており，全国で統一されているわけではない。このため，知的障害の場

合，ある地域では重度と判定されていたものが，別の地域では中度と判定されるということが現実に生じうる。そのことが手帳の等級が，使える制度やサービスに連動しているという現状のシステムにおいては，当事者にとっては混乱が生じる事態にもなっている。

(3) 制度の目的と対象者の認定基準にズレがあること

第3に，各制度の目的と対象者の認定基準にずれがあるという問題がある。本項ではその一例として，障害基礎年金における障害認定を例に考えていく。

国民年金法には第1条にその目的として，「老齢，障害又は死亡によって国民生活の安定がそこなわれることを共同の連帯によって防止し，持って健全な国民生活の維持及び向上に寄与することを目的とする」とある。つまり，年金とは，老齢や障害などのため稼得により家計が支えられなかった事態に対応する制度であり，障害基礎年金の役割とは，障害により稼得が困難で生活を維持できない場合に，その生活費を保障することであると考えられる。そうであれば，対象者の認定に際しては，本来は労働能力や労働機会の喪失度合いが勘案されるべきである。しかし，実際には，医学モデルによる基準が定められて，認定がなされている。

例えば，日本年金機構が定める障害基礎年金の等級[★4]によると，上肢の状態が「両上肢の機能に著しい障害を有するもの」あるいは「両上肢のすべての指を欠くもの」，「両上肢のすべての指の機能に著しい障害を有するもの」であれば1級（年額97万4125円：2019年3月現在），「両上肢のおや指及びひとさし指又は中指を欠くもの」，あるいは「両上肢のおや指及びひとさし指又は中指の機能に著しい障害を有するもの」，「一上肢の機能に著しい障害を有するもの」，「一上肢のすべての指を欠くもの」「一上肢のすべての指の機能に著しい障害を有するもの」であれば2級（年額77万9300円）と定められている。

このような身体的症状と稼得の機会の喪失度合いの関連性については，個別性が大きく，一様ではない。例えば，どのような職業についているか（手先の細かい作業が求められる仕事かどうか）や職場のバリアフリー環境（車いすでの移動にどの程度対応しているか，手話などの情報保障がどの程度なされているか）などによって障害の状況と稼得機会の喪失の度合いは関連しているはずである。

このような法目的と実際の認定基準のズレがあることで，現実には稼得が困

難であるにもかかわらず、年金の受給ができず、経済的に困窮するという生活問題が生じている者が多く存在する。

3 日本の障害の法的定義の課題

以上、障害の法的定義の特徴を述べてきたが、障害者や家族にとっては、制度や福祉サービスの対象となるかどうかということは、生活のありようを規定する大きな要因となる。法的定義のあり方が生活問題を生じさせるという点から、以下、法的定義の課題を3点に整理する。

第1に、何のために障害認定なのかということが不明瞭なことである。障害者手帳を取得するプロセスにおいては、スティグマが付与されたり、障害受容を求められたりというように、障害者や家族には何らかの心理的負担が発生することは否めない。しかし、障害基礎年金にみられるように就労能力や機会の喪失度合いと障害程度や、あるいは障害者総合支援法に基づく福祉サービスの認定における福祉的支援の必要度合いとADL（日常生活動作）中心の判定項目など、法律や制度の目的とするところと障害認定基準には往々にしてズレが生じている。障害者や家族は、年金や福祉制度を利用するために、障害による困難や不得手な面に着目せねばならずストレスを感じる場面も多く、何のための障害認定なのかということが本人のなかでも腑に落ちないこともありうる。そもそもスティグマをともなう手帳制度によって障害認定している国は国際的にみると多くはなく、手帳制度そのもののあり方について議論する必要があるであろう。

第2に、多くの制度で障害認定における障害把握の視点が医学モデルに偏ったADLを中心としたものになっており、社会参加の視点が欠如しているという問題がある。身体障害者認定の等級表に表れているとおり、どのような状態がどの等級に当てはまるのかということを列挙するということは、翻ってみると当てはまらない状態も規定していることとなる。つまり、各種制度や福祉サービスの対象とならない人を排除する仕組みとしても機能しているといえよう。本章第2節に述べたICFでは、社会参加が「社会生活・人生の次元」で幅広く捉えられていることを考えると、対象者を限定することが目的ともとれる現在の障害認定の基準のあり方には抜本的な見直しが求められる。

第3に,申請主義の問題がある。日本においては,自らが,あるいはわが子が障害があるという自覚の下,申請しないことにはあらゆる制度につながらない。そのため障害があることを受容できない状態の人,あるいは自分やわが子に障害があることに気づけない環境にある人々は申請すること自体に結びつかない。

　以上の課題があるなかで,日本にはいわゆる制度の谷間に陥っている多くの障害者がいる。2017年の総務省の矯正統計調査によると,新規受刑者のうち,知能指数が69以下とテスト不能の者を合わせると全体の24.6％となっている。このことから,知的障害や発達障害などにより何らかの支援を必要とする状態にある者が,適切な支援に結びつかず,貧困などの生活問題を抱え,罪を犯し,収監されていると考えられる。近年では,社会福祉専門職の職域として,このような触法障害者の社会復帰なども対象とされているが,そもそもの問題として,適切な社会的支援に結びつけることで,罪を犯さずに生活を維持する手立てが講じられなければならない。

　また表5-3（65頁）には,2017年もしくは最新のデータによる各国の相対的貧困率を示している。[★5]障害者率と相対的貧困率を重ねてみると,相対的に障害者率の低い国では相対的貧困率が高く,障害者率の高い国では相対的貧困率が低いといえる。相対的貧困率とは,収入から税や社会保険を徴収し,年金や手当を支給した所得の再分配政策後の状態を表すものである。例えば,スウェーデンと日本では,再分配前はそれぞれ約2割ぐらいの人が相対的貧困状態にある。しかし,再分配によってスウェーデンは貧困率を半分程度に減らしているのに対して,日本ではほとんど減っていない。このことからいえるのは,日本においては,所得保障政策や障害者福祉施策に対する公的支出が相対的に低いということであり,それが相対的貧困率の高さと障害者率の低さに表れているのである。

　以上,本節で述べてきたように,障害の法的定義は,各種制度や施策の守備範囲と対象者の限定を行うためになされるものである。貧困も障害も自己責任には問えないものであり,それらに起因した生活問題の解決には国家による関与が不可欠である。

1 「障害＝個性」論の批判については，茂木俊彦（2003）『障害は個性か―新しい障害観と「特別支援教育」をめぐって』大月書店，参照。
2 ICFについては，WHO（2002）『ICF；国際生活機能分類』中央法規，参照。ICFの評価に関しては，上田［2005］参照。
3 OECD Data "Public spending on incapacity" https://data.oecd.org/socialexp/public-spending-on-incapacity.htm（2019年3月25日閲覧）
4 日本年金機構「国民年金・厚生年金保険　障害認定基準」「第7節第1　上肢の状態」https://www.nenkin.go.jp/service/jukyu/shougainenkin/ninteikijun/20140604.files/3-1-7-1.pdf（2019年3月25日閲覧）
5 OECD data "Poverty rate" https://data.oecd.org/inequality/poverty-rate.htm（2019年4月10日閲覧）

[参考文献]
上田敏（1981）「リハビリテーション医学の位置づけ―リハビリテーションの理念とリハビリテーション医学の特質」『医学の歩み』116。
上田敏（2005）『ICFの理解と活用―人が「生きること」「生きることの困難（障害）」をどうとらえるか』萌文社。
勝又幸子（2008）「国際比較からみた日本の障害者施策の位置づけ―国際比較研究と費用統計比較からの考察」『季刊社会保障研究』44巻2号。
佐藤久夫（2011）「障害概念の検討と構造的把握の意義」鈴木勉・田中智子編著『現代障害者福祉論〔新版〕』高菅出版。
諏訪さゆり・大瀧清作（2005）『ケアプランに活かすICFの視点』日総研出版。

第Ⅰ部　障害者問題と障害者福祉／第6章

日本における戦後の障害者運動と障害者施策の展開

　本章では，日本における戦後の障害者運動と障害者施策の展開について説明する。前提として重要なのは，あらゆる障害者施策は自然発生的に制定されたものではなく，いずれも障害当事者および関係者が直面している生活問題に対する社会運動を展開し，それを受けてその時々の政治状況に応じて政策主体が立法・制度化するという政治的力関係によって決着したものであるということである。[★1]

　したがって，本章では，戦後の各時期における障害者および家族が直面していた生活問題，それに基づきどのような主張や障害者運動が展開されてきたか，その結果，どのような障害者施策のありようであったのかという三者の関係性に着目し，歴史的展開を考察していく。

　なお，本章は，精神障害，発達障害，難病等も射程には入れているものの紙幅の都合や他の科目での取り扱いということもあり，主に知的障害，身体障害を中心とした歴史を展開している。

1 ｜ 第1期（戦後～1940年代）：戦後処理と社会福祉の勃興

　この時期は，国家による戦争責任に基づく戦後処理としての社会福祉の勃興し，具体的には生活保護法，児童福祉法，身体障害者福祉法の「社会福祉三法」が制定された。施策の限界としては，敗戦からの国力回復に寄与する者からの優先的救済にとどまり，そのことは身体障害者福祉法の「更生」概念に特徴的に表れている。

　1945年に敗戦により日本はアメリカの占領下におかれることになった。戦後改革の課題としては，戦争への翼賛体制を強めていった戦前の「軍国主義の主

体をなしてきた専制的な天皇制の体制」を「天皇制の軍隊の解散と天皇制官僚を国民に奉仕する公僕に変えること」によって解体することと，2度の農地改革によって「寄生地主─小作関係に典型的であったなお広く社会に影響を与えていた生産関係者社会関係にある隷属関係を取り除くこと」にあった。このことによって，日本は反軍国主義・反専制・反封建の「民主化」の道を歩んでいくこととなる。[★2]

　これらの戦後改革の課題は，当然ながら社会福祉の分野にも及び，社会救済に関する「GHQ三原則」が定められることとなる。それは，①「戦前・戦時の社会事業・救済が身分制的特権や軍事優先によって平等が損なわれていたことに対する反省と克服」をめざした「無差別平等原則」と，②「戦前・戦時に国民の暮らしと健康の支えが私的な分野（家族や地域の相互扶助）と民間事業に転嫁されていたことへの反省」に基づく「公的責任─公私分離原則」の原則と，③「戦前・戦時に最低生活保障の理念を欠き，財政の都合などで救済基準が決められてきたことに対する反省と克服」に基づく「救済費非制限の原則」という3つの原則によって構成されている。

　この原則に基づき，国家の戦争責任を補償することを目的に法整備がなされていった。1946年に戦争による経済的貧困の救済を目的とした生活保護法，1947年に戦災孤児の施設収容を目的とした児童福祉法が制定され，1949年には戦争による傷痍軍人に対する公的救済を目的とした身体障害者福祉法が成立した。

　これらの民主化の波は，当然ながら，ハンセン病や結核などにより長期入院していた者たちにも押し寄せた。敗戦直後，医薬品や食料なども不足し，職員体制も不十分な環境で療養生活を送っていた患者たちによって，生活の改善や社会復帰を実現するため，各地の療養所や病院に患者自治会が結成された。[★3] 1948年に複数の患者団体を統一させる形で結成された日本患者同盟結成後初の中央委員会では，当時，患者の置かれていた状況を反映して「1.所内民主化の徹底　2.療養生活改善向上　3.民主主義的文化の向上　4.無料原則の確立　5.入所規定の改悪絶対反対　6.社会保険制度の改革　7.アフターケア・コロニーの設置促進　8.生活保護法の改善　9.医療従組との連携強化　10.国立病院療養所の整理統合反対」というスローガンが掲げられた。その後，患者自身

の主体的参加を位置づけ運動を展開することで，様々な制度の改善，創設という成果へとつながっていった［日本患者同盟四〇年史編集委員会，1991］。

　身体障害者福祉法は当初，戦争による国家責任が明確に位置づけられる傷痍軍人のみを対象とする想定であった。しかし，前述の「無差別平等原則」に照らして，障害が先天的かあるいは戦争による後天的なものかによる区別をしないとして，障害者全般を対象とする一般法として制定された。しかし，本法第1条の法の目的において「身体障害者の更生を援助し，その更生のために必要な保護を行い，もって身体障害者の福祉を図ること」とされたことで，本法が「更生」の対象・目的としたのは，「職業自立」を通して「経済自立」が可能な身体障害者という限定的なものであり，重度の障害や加齢によって更生の可能性がほとんどないとみなされる者は除外されることになった[★4]。

　その後，1954年には，就労を見込めない中重度者を切り捨てていたことに対する批判を一定受け入れ，「更生」に「身辺自立」も含めることでその対象を広げることとなった。「更生」とは「必ずしも社会的・経済的に独立することを意味するのではなく，相当に生活訓練が行われ，それまで日常の起居に他人の手を借りなければならなかったものが，自分の力で日常生活を送ることができるようにな」ることも含めると位置づけられている。しかし，最終的な目的は「職業自立」であることに変わりはなく，「まずは身辺自立，しかる後に職業自立を」という認識に移行することとなった。

　さらに1967年改正では，より重度の知的障害者を含む広範な対象を対象とし，「……身体障害者の生活の安定に寄与する等その福祉の増進を図ることを目的とする」と，「更生」だけではなく「保護」も法目的に含まれた。

　1950年には，1948年に創設された内閣総理大臣の所管下にあって，社会保障制度の調査，審議，勧告にあたる社会保障制度審議会が初めての総合的な勧告を出すことなる。その中で「戦後の日本の国民生活を国家責任を基軸に据えて，私的対応だけなく生活の社会化に照応した社会的施策によって支えよう」と明記されたことが戦後，社会福祉における公的責任を明確化するということを象徴的に表しているといえよう。

2 第2期（高度経済成長期1950〜60年代）：対象者の拡大と基本的人権をめぐる闘い

　この時期の特徴は，戦後復興と1950年に勃発した朝鮮戦争による朝鮮特需の影響で，高度経済成長期に突入していくなかで，福祉施策が拡大するのにともない，それまで対象外とされていた重度障害者が福祉施策の対象に含まれるようになっていったことである。一方で，経済政策優先の社会において，広範な国民的な訴訟運動を通して，人間たるにふさわしい生活とはどうあるべきかという提起がされた。

　1955年から始まる高度経済成長は，大都市への人口流入とそれにともなう住宅問題，大気汚染，労働災害，薬害など様々な弊害をもたらした。経済優先の社会のあり方は，1956年の水俣病，1957年の四日市ぜんそく，1965年の新潟水俣病というように，人災により多くの後天的な障害者を生み出していくこととなった。

　1956年に内閣府が発行した『経済白書』には「もはや戦後ではない」という一文が掲載され，1960年には，当時の内閣総理大臣である池田勇人が「所得倍増計画」を打ち出し，社会は一億総中流社会へと突き進んでいくこととなる。しかし，この流れに取り残されていたのが，重度の障害者とその家族である。第1期に提起されたような「更生」，すなわち職業自立や身辺自立が困難であるとされた人に対して，1946年に戦災孤児と知的障害児のための療育のための児童施設「近江学園」を設立し，重症心身障害児実践の先駆者として後世に名を残すことになる糸賀一雄においても，重症心身障害児は例外的存在と位置づけていた。糸賀は，近江学園の設立当初，「生涯精神年齢が5,6歳程度以下」の者を「永遠の幼児」と称し，「同じ精神薄弱児といってもその程度はさまざまで，人間的であるよりもむしろ動物に近いようなものもあれば，ある種の白痴の如きは植物的でさえある」と表現している。

　しかし，その後，重症心身障害児の実践を通して，「肉体と精神の進歩」という確信を得ることで，「横（横軸）の発達」という価値を見出すに至った。そこでは，「重症児への教育の目的を，社会の役に立つということではなく，

〈もっと本質的に，この子どもたち自身の生きる喜びを高めること〉に見出すようになってい」ったのである。それは同時に，社会の経済的発展に寄与できる人材育成ということから「白痴が白痴として絶対肯定されながら，同時に無限の向上をめざして，社会的いとなみが積み上げられる」ことへと実践の目的の転換を要求するものでもあった。そして，糸賀は，「1957年に……初めて，障害の重い子どもに対して，『発達』という言葉を使用する」に至ったのである。[★5] この時期，就学猶予・免除の対象であった重症心身障害児の施設設置は親の会の切実な要求でもあり，各地で萌芽的に行われていた。そのような運動の高まりを受けて，1961年には，全国初の重症心身障害児施設「島田療育園」が開設し，1963年には，重症心身障害児施設の制度化がされることとなった。

同時期に，「更生」が困難である稼働能力の乏しい障害者も福祉施策の対象とされていく。1960年には，精神薄弱者福祉法（1993年に知的障害者福祉法に改正）が制定され，前述したように1967年の身体障害者福祉法の改正においては，法目的に「保護」も含まれることとなった。また，1960年には，企業における障害者雇用の努力義務を課す身体障害者雇用促進法（1987年に障害者の促進等に関する法律に改正）も制定された。

また，この時期には，基本的人権の実質的保障を求め「人間裁判」と称される朝日訴訟（1957〜67年）が提訴された。朝日訴訟とは，岡山にある国立結核療養所で生活していた朝日茂さんが，「津山市社会福祉事務所長が行なった生活保護変更決定」[★6]への不服申し立てが却下されたことで，行政訴訟の提起を行ったものである。

朝日さんが主張したのは，「国の支給する生活保護費では満足な療養生活も送れず，『健康で文化的な最低限度の生活』が脅かされている」ということである。本裁判には，結核やハンセン病などで療養生活を送っていた有志によって構成されていた「日本患者同盟」のみならず，各地の労働組合や福祉専門職や学生，研究者など広範な国民を巻き込んでの一大社会運動へと発展していった。そのことは，1964年に朝日さんは死去するが，日本患者同盟の本部役員であり，それまで朝日さんとの面識がほとんどない小林健二さん夫妻が養子となり裁判を継承したという事実にも象徴的に表れている。しかし，裁判は，最終

的には原告適格がないとされ1967年に終幕を迎えることとなった。

朝日訴訟の社会的意義としては，①生活保護費の引き上げと社会保障政策の向上に果たした役割，②生存権意識の普及と社会保障要求の前進に資した貢献，③「裁判のために闘う」ことの真理性を実証してみせたことが挙げられる。①の生活保護費の引き上げについては，裁判の判決のなかでは認められなかったものの「提訴前には一般勤労者世帯の生計費に対する生活保護世帯のそれの比率が36％程度であったものを，今日では70％前後まで引き上げることに貢献した」のである。②については，幅広い国民の憲法意識や人権意識の向上・確立に寄与したのである。③については，その後に続く，「政治的・社会的な圧力に屈せず『権利のための闘う』人々を生み出す源泉となってきたという事実」につながる。[★7]

3 第3期（1970年代）：人間としての基本的活動の保障

この時期の特徴は，重度障害児を含むすべての子どもに義務教育が保障されたことを契機に，学齢期前の療育施設や学齢期終了後の作業所が全国各地に設立されるようになり，ライフサイクルを通じて日中通うことのできる基本的活動の保障がされ始めたことである。また，身体障害者を中心とする自立生活運動が展開され，これまで不可視化されてきた障害当事者の存在とその要求が，社会に強いメッセージとして届けられることとなった。

さらに，第2期の朝日訴訟の闘いを受け継いだ形で国民的運動として展開された「堀木訴訟」によって「人間らしい暮らしとは何か」という問いが国民的課題としても引き続き追求されたことである。

学齢期に達した重度の障害児の就学を猶予もしくは免除するというのは，戦前の1900年の第二次小学校令改正以降に始まり，戦後制定された日本国憲法第26条で「すべて国民は，法律の定めるところにより，その能力に応じて，等しく教育を受ける権利を有する」と定められたにもかかわらず，なお継続していた。学校教育法に定められた就学猶予および免除に関する条文をもとに，[★8]「基本的に親の願いがあってはじめて問題になり，その理由が『科学的』ないしは『客観的』であることを医師などの診断書で証明し，教育委員会が認可すると

いう三段のルート」を通って，多くの重度障害者が学校に行けない状態があった[9]。

　その対象となる子どもと家族の多くは，「学校へ行きたい」という強い願いを内心に秘め，忸怩たる思いを抱えていた。また学校に行けない子どもたちの多くは，移動がない生活によって，睡眠障害や食欲不振などにより健康状態が悪化し，歯科検診や予防接種などを受ける機会が奪われ，麻疹などの通常であれば幼少期に罹患することにより軽症で済む病気に学齢期に初めて罹患することで大事に至るというような生活背景により，一般の子どもと比べて高い死亡率を示すことが調査により明らかにされた。このことは，学校教育を保障するということは，単に教育を施すという以上に，移動がある生活と，多様な人間関係を取り結ぶことから得られる刺激等によって生きる権利を保障するものであることを証明したのである[10]。

　障害児に学校教育を保障させるために，親や教員だけではなく，学生なども参加して個別の自宅訪問による調査活動を行い，詳細に実態を聴き取ることを通して，その意義を確認し合い，社会的な要求へと高めることによって，ついに1979年に重度の障害児も含むすべての子どもたちに義務教育が保障されるに至った。それは同時に，前述の糸賀の重症実践と同様，京都府の与謝の海養護学校の「学校に子どもを合わせるのではなく，子どもに合った学校をつくろう」という設立理念にも端的に表れているように，教育のあり方そのものの転換を求めることにもつながった。

　学校に行けるようになった子どもたちは，周囲の子どもと同様に，当然ながら卒業後や就学前の居場所を欲するようになる。この時期，就学前の子どもを対象とした療育施設や，卒業後の働く場所である共同作業所が全国各地に設立されていった。

　共同作業所第1号とされるのは1969年に愛知県名古屋市に設立されたゆたか共同作業所とされるが，共同作業所実践が提起したものは，①働くことを通して，社会的不能者として位置づけられてきた重度障害者への固定的先入観を克服し，人間の発達の限りない可能性を示したこと，②困難な生活状況にある障害者・家族が現状とそれを規定する社会構造に関する学習を重ねたことで，当事者としての主体形成がなされたこと，③多方面の市民団体と協働することを

通じて，障害者問題の解決は，すべての国民を支える制度施策を発展させ，市民社会の醸成につながるものであることを示したことなどが挙げられる。[★11]

　また，この時期は，身体障害による当事者運動により，障害当事者に対する社会的認知や地域生活の条件整備が大きく進展したという特徴もある。自立生活運動の始まりは，1970年代にアメリカの大学生が親元を離れて就学し，自立生活の保障を求めたことに端を発する。こうした自立生活運動が日本で広がったのは，1970年に横浜で障害児の養育に疲れた母親による子殺し事件に対する減刑嘆願運動が広がったこと，加えてそれを受けての裁判所の執行猶予付き判決に対して，主に脳性麻痺の当事者たちが異議を申し立て，自分たちの人権の確立を主張したことがきっかけとなった。その後，家族のケアに依存せず，地域での生活を送るための制度の確立を求めて「脱施設」および「脱家族」というスローガンを掲げて様々な運動を展開するようになった。その運動が，1974年の東京都の重度脳性麻痺者介護人派遣事業へと結実し，のちに全身性障害者介護人派遣事業（現在，その多くは障害者総合支援法の重度訪問介護事業へ移行）として全国に広がることとなった。[★12]

　さらに，この時期は，朝日訴訟の闘いを受け継いだ形で，堀木訴訟（1970〜82年）に関わる国民的運動が展開された。本訴訟は，視力障害があり，母子家庭の母親であった堀木フミ子さんが，自らの障害福祉年金（現在の障害基礎年金）と児童扶養手当の併給を求めて提訴したものであった。その当時，父に障害があり障害福祉年金を受給していて，母が健常な場合や，障害がない母の場合では児童扶養手当が支給されるが，堀木さんのような母子世帯の併給は禁止ということで，請求が退けられたのである。これは「障害をもつ親が子を養育する権利と，子が障害をもつ親から養育される権利の保障」について争ったものとも捉えることができる［根岸，2018］。

　一審では，このような性別や社会的状況に対する差別は不当であり，併給を認めるという画期的な判決が出たが，二審と上告審では棄却された。堀木訴訟は，子どもを安心して育てたいという1人の母親のささやかな願いを出発点とするものであったが，その広がりにおいては，「障害者の生活調査や科学的分析も行う」ことで，「障害者の要求を実現する運動に科学性をもつことの重要性」や「障害者運動は国民福祉，社会保障の底辺を底上げしていくものである

こと」[鈴木・植田, 2011]というその後の障害者運動につながる示唆的な教訓を残すこととなった。

4 第4期（1980年代）：社会生活の拡大——「生活の3拠点」の保障

　第4期は，第3期に日中活動が保障されたのに引き続き，生活の場，余暇などの第8章で論じられる「生活の3拠点」への保障に向け，生活圏域が拡大された時期である。それは，国際障害者年を契機とした国際的な障害観の転換にも背中を押されてのことであった。

　1981年は国連が定めた国際障害者年であり，「完全参加と平等」をスローガンに「障害者の生活と彼らの生活する社会の発展に対する障害者の『完全参加』および，かれらの社会における他の市民との等しい生活諸条件を意味する『平等』の目標の実現，また社会的経済的な点による生活諸条件の改善の平等な享受などを促進する」ことが目的とされた。それと前後して，詳細は第5章に譲るが，1980年にWHOが制定した障害概念であるICIDH（国際障害分類）では，「障害を固定したものというだけではなくて，疾病と並存するというようなものまで含む」というように，1975年の国連総会における障害者の権利宣言で示された障害の定義である「先天的か否かにかかわらず，身体的または精神的能力の不全のために，通常の個人または社会生活に必要なことを確保することが，自分自身では完全にまたは部分的にできない人のことを意味する」を継承する内容が取り入れられた。これは，日本において，1970年に制定された心身障害者対策基本法における障害者の定義「……固定的臓器機能障害または精神薄弱等の精神的欠陥があるため，長期にわたり日常生活または社会性活に相当な制限を受ける」におけるような機能障害を中心とし，固定的・限定的な障害観とは大きく異なり，広範な者を社会的支援の対象に含み，また障害を発生させる社会構造にも目を向けるという点で，第5章3節に詳述しているように各法における障害概念にも影響を与えた。

　このような国連の動きによって，国内情勢も障害者の権利拡大に向けて前進した。[★13]具体的には，1982年に「障害者対策に関する長期計画」を策定し，障害福祉に関わる「各分野を網羅しての政策は初めてだったわけで，国政レベルで

の障害者対策の方向付け」をしたというのは，その後の障害者施策の方向性の礎石ともなった。そのことによって，地方も含め，全国的に障害者の権利確立を求める運動が高揚した。

　また，この時期は国際的な障害者運動も勃興し，日本の障害者運動もその影響を受けることとなる。1981年に，カナダで開催されたリハビリテーション・インターナショナル（Rehabikitation Intternational：RI）の世界会議において，障害種別によらない当事者組織として，障害者インターナショナル（DPI）を立ち上げる準備がなされた。そして，国際障害者年である1981年12月に，DPI設立世界総会が60か国以上の国々から400人以上の障害者が参加して開催された。[★14]日本国内では，1986年にDPI日本会議が発足し，「すべての障害者の機会均等と権利の獲得」を目的に，2018年11月現在で96の全国および地域組織が加盟し，障害当事者の立場から障害者施策に対する意見表明を行っている。[★15]

　また，第10章で詳述しているが，1989年にそれまでは対象が限定的であった知的障害のグループホームが，すべての知的障害者を対象とした「精神薄弱者地域生活援助事業」が施行された。このことによって，家庭か入所施設かという二者択一的であった障害者の暮らしの場について，新たな選択肢が増えることとなった。

　このように，日中活動，暮らしの場と拡大してきた障害者の生活圏において，それ以外の第3の場の取り組みが本格的に取り組まれることとなる。1つは，1964年に東京都墨田区に義務教育終了後の知的障害者の生活全般，特に職業生活に関する指導・訓練の場である「アフターケアセンター」として設立された第1号の障害者青年学級が，障害者のセルフアドボカシーや地域社会との交流と目的を拡大して，1970年代終わりから80年代にかけて全国に広がっていった。[★16]

　さらには，障害者の余暇に関してもバリアフリーが保障されていないなかで障害のある人たちの旅行の機会が剥奪されていたことへの保障として，1982年の障害者専用列車「ひまわり号」が上野―日光間を運航したのを皮切りに，全国に広がっていくこととなった。[★17]このように生涯教育や余暇を含む第3の場の取り組みは，各地域の独自性を活かして，あるいは全国的な障害者団体のつながりを通じて，広く展開されていくこととなる。

このような生活圏の拡大にともない，1985年には社会生活の経済的基盤となる障害基礎年金が国民年金法の改正を受けて導入された。

この時期は，1981年に第二次臨時行政調査会が設定され，鈴木善幸内閣により掲げられた「増税なき財政再建」をというスローガンの下，様々な官営企業の民営化などが模索され，福祉についても引き締め政策が取られることとなる。そのようななかでも，国際的な動向やこれまで蓄積されてきた障害者運動の力により，それらを押し戻しながら社会資源の拡充が図られたといえよう。

5 第5期（1990年代以降）：社会福祉基礎構造改革による福祉サービスの商品化と家族の当事者性の表れ

この時期は，社会福祉基礎構造改革によって，社会的支援が，公的責任から私的契約に基づくものへと大きくパラダイム転換を遂げることとなる。一方で，これまでの障害者・関係者の運動が実を結ぶ形で，地域の社会資源の量的な拡大も進んできた。そのような動きのなかで，長きにわたって，障害者のケアにかかる含み資産として位置づけられてきた家族が，ようやく社会問題の当事者として声を上げ始めた時期でもある。

社会福祉基礎構造改革とは，厚生労働大臣の諮問機関である中央社会福祉審議会社会福祉構造改革分科会で1995年に発表された「社会福祉基礎構造改革について（中間まとめ）」において示されたように，「少子・高齢化，家庭機能の変化，低経済成長への移行」などの福祉を取り巻く状況の変化を受けて，「現状のままでは増大，多様化する福祉受容に十分対応していくことは困難」であるため，「社会福祉の基礎構造を抜本的に改革」することをめざすものである。具体的には，社会福祉の理念としては「国民が自らの生活を自らの責任で営むことが基本／自らの努力だけでは自立した生活を維持できない場合に社会連帯の考えに立った支援／個人が人としての尊厳を持って，家庭や地域の中で，その人らしい自立した生活がおくれるよう支える」ことが定められた。

その後，2006年の内閣官房長官の私的懇談会である社会保障の在り方に関する懇談会の報告「今後の社会保障の在り方について」では，これが，「自助・共助・公助」として具体的な制度との対応関係が明示された。そこでは，「す

べての国民が社会的，経済的，精神的な自立を図る観点から①自ら働いて自らの生活を支え，自らの健康は自ら維持するという『自助』を基本として，②これを生活のリスクを相互に分散する『共助』が補完し，③その上で，自助や共助では対応できない困窮などの状況に対し，所得や生活水準・家庭状況などの受給要件を定めた上で必要な生活保障を行う公的扶助や社会福祉などを『公助』として位置づけることが適切である」としている。

ここでの『共助』とは，具体的には「国民の参加意識や権利意識を確保する観点からは，負担の見返りとしての受給権を保障する仕組みとして，国民に分かりやすく負担についての合意が得やすい社会保険方式を基本とすべきである」としている。すなわち，社会保険を財源とする共助と，税を財源とする公的扶助や社会福祉では，前者が優先とされると明文化されたこととなる。ちなみに，この枠組みでいうと，障害者福祉は公助，介護保険制度は共助となる。

この流れを受けて，1997年に児童福祉法の改正，その後2000年に施行された介護保険制度によって，NPO法人や株式会社を含む供給主体の多様化や，福祉的支援が当事者と事業者という私人間の直接契約へと移行することとなり，行政の責任が「斡旋・調整」へと後景に退いた。

この時期から，福祉的支援を受けながら生活する者を「福祉サービス」の「利用者」と表現するようになる。障害者福祉領域でも，2003年の支援費制度，2006年施行の障害者自立支援法の施行により，本格的に上記の枠組みに移行することとなる。そのことの制度的課題については，第7章に詳述する。障害福祉領域では，共同作業所の設立以降，障害者を表すのに「仲間」という言葉を用いてきた。仲間という言葉には，障害や就労能力などの差異を超えたところでの「対等・平等の民主的人間関係をめざして」，障害者を支援する専門職は「決して障害者の管理者のようにふるまうのではなく，あくまで障害者人間らしく生きることをめざすための協力援助者」として自己規定する用語である［社会福祉法人いずみ野福祉会，1998：7］。これを消費者として位置づける意味合いが強い「利用者」という用語へ変えることは単に言葉が変わるということだけではなく，実践的変質がもたらされることを意味することとなった。

2013年には，内閣に設置された社会保障制度改革国民会議より，日本の社会保障制度改革の方向性として，「『1970年代モデル』から『21世紀（2025年）日

本モデル』へ」ということで,「すべての世代を対象とし,すべての世代が相互に支え合うしくみ」が提案され,「住民相互の支援活動」ということが提起された。公助が一層後景に退いた本提言のもと,障害者の生活や社会福祉実践がどのような影響を受けるのか,関連する制度がどのように変質するのか,今後の政策動向を注視する必要がある。

　しかし,この時期は,これまでの障害者・関係者の運動が実を結び,地域のなかの社会的資源の拡大が大きく進む時期でもある。例えば,学齢期の子どもたちの生活保障とともに親の就労保障や休息などが両看板として掲げられた放課後保障運動が全国で広がっていた。そのなかでは,家族が「一時的に介護を中断し,日常の介護から一時的に解放され,息抜きをするため」の「レスパイト・サービス」［廣瀬,2014］という考え方が広まった。そして,制度の目的に子どもの放課後の活動保障と「障害児を持つ親の就労支援と障害児を日常的にケアしている家族の一時的な休息」を目的に含む「障害児タイムケア事業」が2005年に施行されることとなった。[★18] その後,2012年度に創設された放課後等デイサービスは,初年度10月では3107か所であったのに対して,その5年後の2017年10月には1万1301か所と急速に量的な拡大をみせており,子どもたちの放課後の過ごし方が一変して,それにともない保護者の就労も広がるなど暮らしぶりは大きく変わった。[★19] さらに,現在では,18歳以降の教育や生涯学習を保障する実践や,芸術的活動など多岐にわたる展開がされるようになった。

　また,この時期,長年にわたり障害者の生活を支える含み資産として位置づけられてきた家族が社会問題の当事者として声をあげはじめた。障害者の親の全国組織である「全国手をつなぐ育成会連合会」の機関誌『手をつなぐ』では,「お母さんだって働きたい　母親の人生をもっと自由に」（1999年11月）,「お父さんの気持ち　男の生き方を考え直すチャンス」（2003年7月）,「地域で元気なお母さん　大切な一人ひとりの暮らし～子離れできない親にならないように」（2006年1月）など,ケア資源の1つとしてではなく,親の人生のあり方を問うような特集が組まれている。

　ここまでみてきたように,障害者福祉に関するあらゆる制度は,社会的矛盾の表れとしてその時どきに障害者およびその家族に生じた生活問題の解決に向

けた，障害者および関係者による社会運動と政策主体である国家との駆け引きの産物であるともいえる。

　これらの動きのなかには，常に社会福祉専門職がいたことを忘れてはいけない。当事者に伴走的に寄り添いながら励まし，あるいは政策主体の内部において社会福祉のあるべき姿を追求する者たちがいたからこその展開である。イギリスのイアン・ファースガンは，新自由主義の進行によってソーシャルワークが，「国家によって社会統制の主要な一形態とみなされ，彼ら／彼女らが行使する技術においてのみ『ソフトな警官』だとみなされたきた」ことに警鐘をならし，「ソーシャルワークが当事者によって信頼されなくなったら，同様にソーシャルワークが国家にも信頼されなくなるのは明らかである」と指摘している。そして，「ソーシャルワークは，ラディカルな解放と変革を目指す理念の相続人である。あるいは少なくとも，ソーシャルワークは，そのような理念を推進する潜在力を持って」おり，「（当事者を）コントロールする役割と社会変革や社会正義の実現を可能にする役割との間に生じる固有の緊張関係にこそ，ソーシャルワークの『ラディカルな核心』が存在し，またソーシャルワークを違ったものにし，ソーシャルワーカーをまさに『ソフトな警官以上』のものに」し，「守るに値する専門職」であると述べている［ファースガン，2012：33-35］。社会福祉における公的責任が後退していく現代において，このような社会福祉専門職としての矜持は，今後ますます重要なものとなっていくであろう。

1　このような歴史的事実の把握の仕方は，真田是の「三元構造」に基づくものである。「社会福祉の対象・運動政策主体の三者は，社会福祉を成り立たせる3つの基本要素であり，この三基本要素が資本主義社会の形成と発展によって基本的に用意される」のである。「三元構造」についての基本的理解は，真田是（2003）『新版　社会福祉の今日と明日』かもがわ出版が初学者向けにふさわしい。
2　これらの戦後改革，GHQによる社会救済の方針については，真田・前掲書の「II『戦後50年』の社会福祉をどう読むか」に詳しく，本章も基本的にそれを引用・参考にしている。
3　患者運動については，鈴木・植田［2011］を参考にした。
4　身体障害者福祉法における法目的・対象の変遷については，鈴木勉・澤屋真樹（2011）「戦後日本における障害者福祉法性の展開」鈴木勉・田中智子編『新版　現代障害者福祉論』高菅出版に詳しく，本章も基本的にそれを引用・参考にしている。

鈴木・澤屋によると，1949年の身体障害者法制定時の「更生」が職業的自立をめざしているのは，1951年に発行された『身体障害者福祉法　更生指導の手引き』において「身体障害者福祉法は，職業能力が残存し職業的公正の可能性がある身体障害者の更生を援護するものであり……更生指導について述べた他の部分はすべて職業に就くための準備とみても過言ではない」と記されていることから明らかであるとのこと。

5　糸賀一雄の重症心身障害児への関わりへの詳細については，垂髪あかり（2014）「『横（横軸）の発達』に込められた願いを未来へ読み解く」糸賀一雄生誕100年記念事業実行委員会研究事業部会編『糸賀一雄生誕100年記念論文集　生きることが光になる』に詳しい。本文中の表現についても，これからの引用によるものである。

6　朝日さんの実兄に月1500円の仕送りを求め，それを理由に日用品費月額600円の打ち切り（廃止），併せて医療費の一部負担金として月額900円を国庫に納入するよう命ずるという内容。

7　朝日訴訟に関する記述は，新井章（2017）「朝日訴訟一〇年の闘い」井上英夫・藤原精吾・鈴木勉・井上義治・井口克郎編『社会保障レボリューション　いのちの砦・社会保障裁判』高菅出版を参考にし，引用を行った。

8　就学猶予・免除に関する条文は，現在の学校教育法では18条「前条（保護者の子女への就学させる義務）の規定によって，保護者が就学させなければならない子で，病弱，発育不完全その他やむをえない事由のため，就学困難と認められるものの保護者に対しては，市町村の教育委員会は，文部科学大臣の定めるところにより……（保護者の子女への就学させる）義務を猶予又は免除することができる」と定められている。

9　養護学校義務制に関する記述については，河添邦俊・清水寛・藤本文朗（1974）『この子らの生命輝く日　障害児に学校を』新日本新書を参考にし，引用を行った。

10　ここで述べた就学猶予・免除を受けることの影響については，藤本文朗（1996）「死亡した不就学障害児の実態」『障害児教育の義務制に関する教育臨床的研究』多賀出版に詳しい。

11　共同作業所運動の意義については，清水寛・秦安雄編（1975）『ゆたか作業所　障害者に働く場を』ミネルヴァ書房，鈴木勉（1999）『ノーマライゼーションの理論と政策』萌文社に詳しい。

12　自立生活運動については，中西庄司・上野千鶴子（2003）『当事者主権』岩波新書，安積純子・岡原正幸・尾中文哉・立岩真也『〔増補改訂版〕生の技法　家と施設を出て暮らす障害者の社会学』に詳しい。

13　以下，国際障害者年に関わる国内動向については，藤井克徳・吉本哲夫・茂木俊彦（1992）「鼎談　『国連・障害者の10年』その前進面と課題」全国障害者問題研究会『障害者問題研究』68号を参考にした。

14　DPI設立の流れについては，鈴木・植田［2011］を参考にした。

15　認定NPO法人DPI日本会議HP　http://dpi-japan.org/（2019年5月30日閲覧）。

16　障害者青年学級の設立過程，取り組みついては，津田英二（2006）『知的障害のある成人の学習支援論　成人学習論と障害学の出会い』学文社に詳しい。

17　ひまわり号を走らせる全国連絡会HP　http://www.aurora.dti.ne.jp/~himawari/（2019年4月30日閲覧）。

18　本事業は，現在では，多くの地域で児童福祉法に基づく「放課後等デイサービス」に

移行しており，その目的としては，「生活能力の向上のために必要な訓練，社会との交流の促進その他の便宜を供与すること」というように家族支援の観点が抜け落ちることとなった。
19　数字は，各年の厚生労働省「社会福祉施設等調査」で確認した。

[参考文献]
社会福祉法人いずみ野福祉会（1998）『元気！がんばります！と20年』筒井書房。
鈴木勉・植田章（2011）「わが国における障害者運動の発展過程」鈴木勉・田中智子編『新版　現代障害者福祉論』高菅出版。
日本患者同盟四〇年史編集委員会（1991）『日本患者同盟四〇年の軌跡』法律文化社。
根岸弓（2018）「若者世代からみた堀木訴訟―ケアの視点から」井上英夫・藤原精吾・鈴木勉・井上義治・井口克郎編『社会保障レボリューション　いのちの砦・社会保障裁判』高菅出版。
廣瀬美千代（2014）「レスパイトサービス」日本社会福祉学会事典編集委員会『社会福祉学事典』丸善。
ファースガン，イアン／石倉康次・市井吉興監訳（2012）『ソーシャルワークの復権―新自由主義への挑戦と社会正義の確立』クリエイツかもがわ。

第Ⅰ部　障害者問題と障害者福祉／第7章

障害者総合支援法の概要と生活課題

1　障害者総合支援法の概要

■1 障害者総合支援法によるサービス提供の基本構造

　障害者総合支援法の前身である障害者自立支援法は，2005年10月31日に可決・成立し2006年4月（一部は10月）から施行された。本章第2節で詳しくみるように，障害者自立支援法は法案審議段階から多くの障害者・関係者等から反対意見が表明されたことを受け，数次の改定を経て今日の障害者総合支援法へと継続されてきた。

　障害当事者らが障害福祉制度に求める機能は何か，その願いに照らしたとき障害者自立支援法とその後の障害者総合支援法はどのような問題を抱えているのか，そして今日における改善の課題は何か。そのことを理解するため，まず現在の障害者総合支援法の概要からみておこう。

　障害者総合支援制度（以下，障害者総合支援法による支援制度を障害者総合支援制度という）の全体像を把握するためには，まずその骨格部分を押さえることが重要だ。ポイントは以下の3点である。

　（1）　利用契約制度に基づくサービス提供

　第1は，障害者総合支援法は介護保険と同じく，利用者と事業者が取り交わす利用契約に基づいてサービスが提供されることである。一人ひとりの状態を踏まえたサービスの組み合わせや利用調整を行うために各種相談支援も介在することがあるが，契約をするかしないか，契約する場合は内容をどうするのかの最終的な判断は，利用者（児童の場合は保護者）の責任で行う。契約を行うための意思能力が不十分な場合は，成年後見制度を利用することになる。

事業者には利用者からのサービス利用の申し込みを断ってはならないとする「応諾義務」が課せられるが，サービス提供が困難であるとの合理的な理由がある場合はその限りではない。

　あくまでも利用者（民間）と事業者（民間）の契約に基づくサービス利用・提供の契約であることから，①生活に困難を抱えながらもサービス利用を拒否する人などには支援が行きわたらないこと，②契約した内容以外のサービス提供ができないなど支援現場の判断・裁量が制約されてしまうこと，③本来行政が第一義的に担うべき住民への福祉提供の責任と質の向上が，実質的に事業者（民間）の自主的な努力に委ねられてしまうこと，などの問題をはらんでいる。またこの制度の下で行政が担う責任は，①サービス利用が可能な対象者を認定すること，②サービス提供事業者への指導監督と計画的配置を行うこと，などに限定されることになる。

(2) 利用者負担は応益負担・事業者報酬は日割り実績払い

　第2は，障害者総合支援制度が提供するサービスの一つひとつに報酬単価を設定し，サービス提供事業者には提供量に応じた報酬を支払い，サービス利用者には原則として報酬額の1割の利用料負担を課したことである。このような利用負担（利用者負担額をサービス提供に要した費用の一定割合に定めて徴収）の方式を「応益負担」といい，利用者一人ひとりの負担能力に応じた負担方式である「応能負担」と区別されている。

　障害者総合支援制度では応益負担の仕組みが採用されており，利用者はサービス利用の対価としてサービスごとに国が定めた報酬額（9割の公費相当分＋1割の自己負担相当分）を事業者に支払う。しかし実際には，この方法では金銭のやり取りをはじめとした手続きが煩雑となることから，公費負担分は利用者を経ずに報酬支払機関から直接事業者に支払われている。これを「法定代理受領」と呼んでいる。

　応益負担方式は，障害があるがゆえの福祉サービス利用を「益」とみなし，より多くの福祉サービスを必要とする重度障害者ほど負担が高くなることから，多くの人々からの批判を受けることとなった。

　一方，事業者に支払われるサービス報酬についても，施設サービスにおいて月単位の定額払いから，提供量に応じた日単位の実績払いに変更された。その

ため利用者が病気などでサービス提供事業所を休んだ場合には，事業者にはその分の報酬が支払われず安定した事業経営が損なわれることとなった。

このような利用者・事業者双方で生じる問題を指摘する声の高まりを受け，今日まで度重なる改善措置が講じられてきた。現在では，①利用者に対しては，障害者本人およびその配偶者の所得（障害者本人が18歳未満の場合は保護者世帯の所得）が市町村民税非課税である場合には1割負担の徴収上限額を0円とすること，②施設事業者に対して定員以上の利用者を受け入れることを一定の範囲内で認めること，などが行われている。しかしこうした措置がとられても，応益負担・日割り実績払いの本質的な矛盾が解消するわけではない。

(3) 障害支援区分の認定によるサービス利用の制約

第3は，「必要とされる標準的な支援の度合い」を示す障害支援区分を導入して，後に説明する介護給付に属するサービスについて「利用できる」「できない」の振り分けを行うようにしたことである。障害者自立支援法導入時は，障害支援区分は障害程度区分（定義は「障害者等の心身の状態」）と呼ばれる同様の仕組みを採っていた。

応益負担が費用負担を通してサービス利用の自己抑制を促す装置とするならば，障害支援区分は制度それ自体によって自由なサービス利用を制約する装置ともいえる。障害支援区分は「区分1」から「区分6」までの6段階で数値が大きいほど支援の必要度が高いとみなし，数値の低い人が利用できるサービスの種類や量に制約を設けている。また施設系サービスなどを中心に事業者に支払われる報酬についても障害支援区分が高いほど金額が高く設定されている。

どのサービスがどれだけ必要かということについては，各自の障害の程度にとどまらず，生活環境や状況に応じて柔軟に判断されなければならない。障害支援区分による利用制約は，一人ひとりの暮らしの実態に応じた自由度の高い制度利用の足かせとなっている。あわせて事業者にとっても，提供した支援が有効に機能して本人の障害支援区分が引き下がれば，その分の報酬も減額されることになる。

(4) 障害者自立支援法から今日まで引き継がれてきた問題

以上の3つのポイントは，社会福祉基礎構造改革路線が打ち出した福祉サービスの提供システムの特質である。すなわち，(1)は社会福祉を権利保障に基礎

をおいたものから私的消費契約に基づくサービス商品の売買に再構築することであって，これは社会福祉基礎構造改革の根幹をなす改革内容である。実際，介護保険，障害福祉制度に続き2015年4月から子ども子育て支援新制度によって保育分野にも利用契約が導入された。社会福祉基礎構造改革の政策意図が20年近くの歳月を経て貫徹されたのである。

一方，(2)(3)はそうした改革によって生じた問題の顕在化であり，その原因は(1)のシステムの変更に求められる。したがって，(2)(3)の根本的な解決のためには(1)の利用契約制度そのものの見直しが必要であるにもかかわらず，抜本的な対応は棚に上げられたままいくつかの部分的な改善措置を重ねるにとどまっている。

2 障害者総合支援法が提供するサービス体系

次に障害者総合支援法で提供される福祉サービスを，その種類ごとに整理してみよう。障害者総合支援法で提供される福祉サービスは，大きくは，①自立支援給付と②地域生活支援事業の2種類に区分けできる。主要な違いは国の財政負担のあり方にある。

(1) 自立支援給付と地域生活支援事業

(a) 自立支援給付　自立支援給付は，原則としてサービス費用の利用者負担部分を除いた公費負担部分の50％を国が義務的に負担（義務的経費）し，残りを都道府県と市町村が折半する。そのため実際に使われたサービスの量が増えれば，それに応じて国や自治体の財政負担も増加する。自立支援給付は障害者一人ひとりへの介護や訓練・医療などを，全国各地で均質に提供することが原則とされており，国の財政責任の重さに対応する形で，サービスの内容や提供に関する基準を国が細かく定めている。

(b) 地域生活支援事業　地域生活支援事業は，各地域の特性を生かしたサービスを柔軟に提供することを目的としており，その運用は都道府県や市町村に委ねられている。地域生活支援事業は，あらかじめ定められた予算を自治体に配分（裁量的経費）する形をとるため，国から配当される補助金を超える部分はすべて自治体が負担しなければならない。そのため自治体の財政力によって実施状況やサービス内容などに格差がうまれることになる。

(2) 自立支援給付として提供されるサービス

自立支援給付として提供されるサービスには，介護給付，訓練等給付，自立支援医療，補装具，地域相談支援，計画相談支援がある。主な内容を簡単にみておこう。

(a) 介護給付　介護給付は介護に関わる個別給付で，事業者が障害者家庭を訪問して提供するサービス（訪問系サービス），障害者が日中福祉施設などに通って受けるサービス（日中系サービス），住まいの場を提供するサービス（居住系サービス），それ以外のサービスに分けることができる。訪問系サービスとして提供されるものには，居宅介護（ホームヘルパーによる介護の提供），重度訪問介護（常に介護を必要とする人に外出支援も含めた総合的な支援を提供する）などがある。日中系サービスとして提供されるものには，療養介護（医療ケアが必要な人に医療機関において療養上の管理や機能訓練などを提供する），生活介護（常に介護を必要とする人に介護や創作活動・生産活動の機会を提供する）がある。居住系では施設入所支援（施設に入所する人への夜間支援の提供）が，その他のサービスには短期入所（自宅での介護ができない場合に短期間，夜間も含めた支援を提供する）がある。先にも触れたように，これらのサービスを受けるためには障害支援区分の認定が必要で，サービスごとに定められた障害支援区分の基準を満たしていることが条件となっている。

(b) 訓練等給付　訓練等給付には，自立訓練（身体機能や生活能力の向上に向けた訓練を一定期間行う），就労移行支援（就労に向けた訓練を一定期間行う），就労継続支援（一般就労が困難な障害者に就労の場を提供し必要な訓練を行う），共同生活援助（共同生活を行う住居において必要な支援や相談などを行う＝グループホーム）の各サービスがある。自立訓練・就労移行支援には，標準的な訓練期間（標準利用期間）が定められており，原則として期間を超えての訓練の継続は認められない。

(c) 補装具　補装具は，車いすや義肢・装具，盲人安全つえ，補聴器など，障害によって損なわれた身体機能を補完・代替する用具で，国が種目や耐用年数などを定め，対象となる障害児者に交付されるほか，修理費用の一部が提供される。

(d) 自立支援医療　自立支援医療は，育成医療，更生医療，精神障害通院医

療の3つの公費負担医療制度を一本に取りまとめたものである。公費負担医療制度は，医療保険制度だけでは患者の金銭負担が過大となりかねない部門について，国が患者負担の軽減を図るために設けた制度で，自立支援医療に組み込まれた3医療以外にも小児慢性特定疾患治療研究事業や結核・感染症医療などの制度がある。

(3) 地域生活支援事業として提供されるサービス

地域生活支援事業は，市町村が実施するものと都道府県が実施するものの2種類がある。このうち市町村が実施するものでは，必ず実施すべきとされる事業（必須事業）として，①理解促進・啓発事業，②自発的活動支援事業，③相談支援事業，④成年後見利用支援事業，⑤成年後見制度法人後見支援事業，⑥意思疎通支援事業，⑦日常生活用具給付事業，⑧手話奉仕員養成研修事業，⑨移動支援事業，⑩地域活動支援センター機能強化事業，の10事業が挙げられている。地域生活支援事業は市町村の財政力などを理由に実施されていない事業もあって地域間の格差が広がっている状況がある。また，都道府県が実施する地域生活支援事業では，主に市町村では対応が困難な，より専門性が高い相談支援や意思疎通支援従事者の養成研修，広域調整を行う事業がある。

(4) 各種相談支援

障害者への具体的な支援やサービス利用計画の作成を行うために，自立支援給付からは「地域相談支援」と「計画相談支援」が，地域生活支援事業からは「基本相談支援」が提供されている。また市町村は，それらを束ねる機能をもつ「基幹相談支援センター」を設置することができる。

2 障害者自立支援法訴訟と「骨格提言」

前節では障害者総合支援制度のあらましをみた。そこでも簡単に触れたが，障害者総合支援法の前身である障害者自立支援法は法成立前から成立後においても，障害当事者や関係者などから一貫して批判の声が上げられてきた。そうした声に対応するため，施行わずか8か月目に衆院厚生労働委員会で集中審議が行われたほか，2007年度には「障害者自立支援法円滑施行特別対策」，2008年度には「障害者自立支援法の抜本的見直しに向けた緊急措置」と，立て続け

に利用者の負担軽減措置をはじめとする改善措置が講じられてきた。

　一方，障害者・関係者の側では，法案が取りまとめられる段階から，立場を異にする様々な障害者団体等が幅広く結集して反対運動を繰り広げた。また，法成立後も「自立支援法は制度設計の基本に問題があり一部の手直しで解決するものではない」との声が広がった。2008年には，全国14地裁71人の当事者らが障害を理由とした応益負担の強要は生存権や幸福追求権の侵害であり憲法に違反するとの訴訟を提起した。2009年8月，総選挙で「障害者自立支援法の廃止と新法制定」を公約に掲げた民主党（当時）が過半数を制して政権交代が実現したことにより，2010年1月7日，障害者自立支援法違憲訴訟原告団・弁護団と国（厚生労働省）との間に基本合意文書が交わされ，訴訟は終結へと向かう。基本合意文書では「障害者自立支援法廃止の確約と新法の制定」が明示され，新法の内容を検討するために，障がい者制度改革推進本部，制度改革推進会議や部会を設けることが約束された。

　障害当事者たちは新しく整備する障害福祉法制にどのような内容を求めたのだろうか。新法は当事者らの声を反映した内容となったのか，ならなかったとすればそれはなぜなのか，ということについて検討してみたい。

◼ 基本合意文書の内容と意義

　自立支援法違憲訴訟の基本合意の概要は以下のとおりとなっている。
① 　速やかに応益負担制度を廃止し，2013年8月までに障害者自立支援法を廃止して新たな総合的福祉法制を実施する。
② 　障害者自立支援法制定時の問題として，違憲訴訟を提訴した原告の思いに共感し受け止めたうえで，障害者の意見を十分に踏まえることなく制度を拙速に施行したことを反省し，障害者の参画を得て新制度の議論を行う。
③ 　新法制定にあたって，1)利用負担について少なくとも市町村民税非課税世帯には利用料を課さず収入認定は障害者本人だけで認定すること，2)介護保険優先原則を廃止すること，3)個々の支援の必要性に応じた支給決定がなされること，などが原告・弁護団から指摘された。
④ 　2010年4月から福祉サービス・補装具の市町村民税非課税世帯の利用料負担を無料とし，自立支援医療に係る利用負担措置は当面の重要課題とする。

⑤　基本合意の適正な履行状況確認のために原告・弁護団と国（厚生労働省）は定期協議を実施する。

　基本合意文書では，障害者自立支援法の廃止が明確に述べられており，あわせてそれに代わる新しい総合的な福祉制度をつくること，その際には障害当事者の意見を十分に反映すること，履行状況確認のための定期協議開催が約束されている。基本合意文書は厚生労働省が一方の当事者として公式に取り交わした文書で，厚生労働省ホームページにも「障害者自立支援法違憲訴訟について」として掲載されており，その内容は今も変わることなく障害者施策の基礎に据えられるべき性格をもっている。

❷ 障害者総合福祉法の骨格提言

　2009年12月，国は障害者権利条約の締結に必要な国内法の整備をはじめとする障害者制度の集中的な改革を目的として，障がい者制度改革推進本部を立ち上げた。障害者自立支援法廃止後の新制度（通称「障害者総合支援法」）のあり方について，2011年8月「障害者総合支援法の骨格に関する総合福祉部会の提言～新法の制定を目指して」（以下「骨格提言」と略記）が取りまとめられた。ここでは骨格提言が，①応益負担，②日割り実績払い，③障害程度区分，について何を語ったのかに絞ってその内容を確認したい。

（1） 利用者負担

骨格提言は利用者負担について次のように結論づけた。

① 　食材費や光熱水費等を除く障害にともなう必要な支援は原則無償とすべき。ただし高額の収入がある者には収入に応じた負担を求める。収入認定は，成人の場合は障害者本人の，未成年の場合は世帯主の収入とする。

② 　障害にともなう必要な支援は，1)相談・制度利用の支援，2)コミューケーション支援，3)日常生活を送るための支援や補装具，4)社会生活・活動を送るための支援，5)就労支援，6)医療・リハビリテーションの支援とし，これらは原則無償とする。ただし高額の収入がある者にはその収入に応じた負担を求める。収入認定は①と同様とする。

　骨格提言で障害福祉サービスを「原則無償とすべき」と示したことは，障害者施策にとどまらず他の福祉分野にも生かされるべき重要な提起である。ま

た，本人に高額な収入がある場合の費用徴収方式は応能負担を原則とすることも改めて明示されている。

(2) **報酬と人材確保**

骨格提言では「報酬と人材確保」の項が設けられ，このうち報酬の支払い方式については次のように結論づけられた。

① 報酬の支払い方式を，施設系支援と在宅系支援に大別する。
② 施設系支援のうち，利用者への個別支援に関する報酬は日払いとし，人件費・固定経費・一般管理費などの事業運営報酬については月払いとする。
③ 在宅系支援は時間割り報酬とする。
④ すべての報酬体系における報酬は，基本報酬だけで安定経営ができる水準を確保する。

特に矛盾が噴出している施設系支援における日割り実績払いについて，骨格提言では事業運営に要する総費用のうち約8割に当たる事業運営報酬について月払いとすることを求めている。一部に日割り実績払いを残しつつも，基本的には月定額払いに戻すことを提言した。

(3) **選択と決定（支給決定）**

骨格提言では，障害者自立支援法で行われてきた障害程度区分を踏まえた支給決定を廃止して，以下の仕組みを通して必要なサービスを支給するよう求めた。

① 支援を求める者は，本人が求める支援に関するサービス利用計画を策定して市町村に申請を行う。
② 市町村は支援を求める者に「障害」があることを確認する。
③ 市町村は，本人が策定したサービス利用計画について市町村の支援ガイドラインに基づき，ニーズアセスメントを行う。
④ 本人または市町村により，申請の内容が支援ガイドラインの水準に適合しないと判断した場合には，市町村が本人と協議調整を行い，その内容に従って支給決定をする。
⑤ ④の協議調整が整わない場合，市町村に設置された第三者機関としての合議機関において検討し，市町村はその結果を受けて支給決定を行う。
⑥ 市町村の支給決定に不服がある場合，申請をした者は都道府県等に不服申

立てができるものとする。

骨格提言では，障害程度区分は使わずに支給決定をすることとし，本人の支援ニーズを尊重した支援を計画的に提供するシステムを提案している。その際に重視されるのはサービス利用計画である。サービス利用計画は障害者がどの支援をどの程度利用したいのかについて，本人のニーズに基づいて利用希望を明らかにするもので，本人自身が策定することもできるが，本人が希望する場合には相談支援専門員とともに策定したり，本人を中心に家族や本人が信頼する日常的な支援者等を加えて策定することもできるとされた。また市町村が策定する支援ガイドラインは，障害者が地域で生活していくために必要な支援の必要度を明らかにするとともに，その人の生活を支援する支援計画を作成する過程において，何が公費により利用できる福祉サービスであるかを明らかにすることを目的につくられるものとされている。ガイドラインで示す支給水準は，障害者権利条約に規定されている障害者の「他のものとの平等」や「地域生活の実現」を基本原則とすることが示された。こうして支給決定についても，障害程度区分という一律機械的なサービス提供の制約を廃止して，一人ひとりの支援の必要性に応じたサービス提供を可能にしようとしたのである。

3 障害者自立支援法から障害者総合支援法へ

次に2011年8月に取りまとめられた骨格提言がどのように扱われてきたのか，そこで打ち出された精神を反映した新法がはたして整備されたのかについてみておきたい。

(1) 障害者自立支援法一部改正（「つなぎ法」）の実施

政府が最初にとった行動は，新たな法制度のあり方が審議されているさなかの2010年12月，「障がい者制度改革推進本部等における検討を踏まえて障害保健福祉施策を見直すまでの間において障害者等の地域生活を支援するための関係法律の整備に関する法律」と題する障害者自立支援法一部改正案（いわゆる「つなぎ法案」）を成立させたことである。同法は，①これまでの負担軽減策によって利用者の負担上限額は大幅に引き下げられており，実質的に応能負担となっているにもかかわらず法律上は1割負担が原則となっていることを改めるため，法律上も負担能力に応じた負担が原則であることを明確化する，②発達

障害者が障害者に含まれることを法律上明示する，③支給決定プロセスに関して，支給決定の前にサービス等利用計画案を作成し支給決定の参考とする，④障害児童に向けた新たなサービスとして放課後等デイサービス・保育所等訪問支援を創設する，⑤重度の視覚障害者の移動を支援するため，新たに自立支援給付によるサービスを創設する，などというものであった。

本法の最大の特徴は「障害保健福祉施策を見直すまでの間」との期間限定の法律であることを標榜しながら，若干の制度対象の拡大などと引きかえに，現行の利用負担の仕組みをそのままにして法文上から「1割負担」を削除することで，障害者自立支援法の延命の意図をあからさまに示したことである。この動きに対しては，多くの障害者団体などから批判の声が相次いだ。障害者自立支援法訴訟全国弁護団は，「現行法以上に家族責任が前提とされ，改革の議論に逆行」しており「障害者制度改革と基本合意の精神を踏みにじるものとして私たち訴訟団は強く抗議せざるを得」ないと断じた。

(2) 障害者自立支援法改正による障害者総合支援法の成立

基本合意では「速やかに応益負担制度を廃止」することが約束されたにもかかわらず，政府は障害者自立支援法を廃止しないまま，新法ではなく障害者自立支援法の改正で乗り切る方向を示した。こうした対応は，障害者自立支援法を憲法違反とする訴訟に政府が「共感」して結ばれた基本合意とそれに基づく骨格提言に反するものといえる。

2012年3月，政府は障害者自立支援法の一部改正法案として障害者総合支援法案を閣議決定し即日国会に上程した。法案の内容は，①障害者自立支援法を「障害者の日常生活及び社会生活を総合的に支援するための法律（障害者総合支援法）」に変更する，②基本理念に「共生社会を実現」等を加える，③障害者の範囲に難病等を加える，④重度訪問介護の対象を拡大する，などで，①常時介護を要する者に対する障害福祉サービスのあり方，②障害程度区分の認定を含めた支給決定のあり方，③意思疎通を図ることに支障がある障害者等に対する支援のあり方，については法施行後3年を目途として検討することとした。骨格提言づくりに力を合わせてきた障害者団体などからは繰り返し徹底審議を求める要望などが出されていたが，同年6月20日，障害者総合支援法は可決成立した。

(3) 3年後見直しによる障害者総合支援法の改正

2016年5月,障害者総合支援法の3年後見直しに関する法改正案が可決成立した。主な改正内容は,①入所施設やグループホーム利用者等が自立生活に移行するためのサービス(自立生活援助)の新設,②就業にともなう生活面の課題に対応する支援サービス(就労定着支援)の新設,③65歳までの長期間にわたり障害福祉サービスを利用してきた低所得の高齢障害者が引き続き障害福祉サービスに相当する介護保険サービスに移行する場合の利用者負担の軽減(償還)制度の創設,などとなっている。

法制定時に約束された,①常時介護者への支援のあり方,②支給決定のあり方,③意思疎通支援のあり方,についてはこの法改正においても踏み込んだ議論が行われることはなかった。

(4) 何が変わり,何が変わらなかったのか

基本合意,骨格提言によりいったん廃止が約束された障害者自立支援法であったが,結局法は廃止されることなく障害者総合支援法へと改正されて今日まで継続している。法律名は変わったものの,障害者・関係者らが「基本合意」「骨格提言」に込めた願いの多くは棚上げされたまま今日に至っている。改めて,障害者自立支援法の何が変わったのか,そして何が変わらなかったのか,そしてそれはなぜ変わらなかったのかについて整理をしておく。

(a) 変わったこと・改善されたこと　第1は,法の名称変更や理念の整備などの面である。この変更は運用面での何らかの改善に直ちにつながるものではない。第2は,支給対象障害者の拡大や提供サービスメニューの拡大などである。言葉をかえれば,既存の提供システム上で機能するオプションの拡大ということができる。第3は,利用負担額の抑制である。これは1割負担という基本構造を残したまま,市町村民税非課税の低所得者への負担上限額をゼロ円にすることなどで実現した。政府はこれによって実質的に応能負担が実現できたとして,法文上から1割負担の文言を削除して応能負担への移行はすべて完了したとの立場をとっている。

(b) 変わらなかったこと・残された問題点　一方,制度の根幹・骨格に関わることについてはいっさい変わることはなかった。障害程度区分は障害支援区分に名を変えて,新制度の支給決定や事業者への報酬の根拠となっている。日

割り実績払いの事業者への報酬支払い方式には何ら改善の手は加えられていない。応益負担についても政府は実質的には応能負担となったと述べているが、市町村民税非課税世帯の負担上限額をゼロ円にしたということであって課税世帯への1割負担は今も生き続けている。

(c) 制度の骨格部分はなぜ変わらなかったのか　制度の根幹・骨格はなぜ変わらなかったのだろうか。一言でいえば、利用契約制度こそが社会福祉基礎構造改革の要だということに尽きる。利用契約制度は他の商品売買と同じく、提供されたサービスの価格と量に応じた料金を利用者が支払うことによって成立する。国・自治体から投入される公費は、あくまでも利用者のサービス購入費用への支援として支給される。つまり、応益負担も日割り実績払いも商品売買のルールに従えば当然の措置なのである。「骨格提言」はそのルールをくつがえす内容を含んでいたことから、政府はかたくなに拒絶し障害者自立支援法の枠組みに固執したのである。見逃してはならないことは政権交代を経てもなお、そうした姿勢が変更されず生き続けたことである。そのことはとりもなおさず、社会福祉基礎構造改革を呼び寄せた新自由主義の力の大きさとともに、一人ひとりの願いに沿った福祉制度を構築するために、新自由主義路線にどのように向き合えばよいかを改めて問うこととともなった。

3　障害者総合支援法と生活課題

　新自由主義路線に沿った社会福祉基礎構造改革の展開と障害者総合支援法による制度実施は、障害者やその家族への新たな生活課題を広げている。その特徴をみておこう。

1 福祉サービスの市場化・営利化

　利用契約制度による福祉サービスの展開は、事業者をサービス商品の販売者として、利用者をサービス商品の購入者として、それぞれの役割を固定化して拡大していく。とりわけ障害児の分野においては、いち早くその傾向が強まることとなった。その理由として、①児童分野にはすでに塾や教室など子育てや学習支援に関する様々なサービスが多様に展開しており、保護者はそのサービ

ス購入になじんでいること，②少子化傾向が進んでいるにもかかわらず，発達障害をはじめとする障害をもつ児童数が増加していること，③児童期は成長・発達等の変化が著しく，障害児への様々な「技法」や「療法」を名乗る訓練等が参入しやすい分野であること，④障害児通所支援の各事業において専門家等の配置に関する特段の要件が設定されておらず事業参入が容易であること，などが考えられる。

「平成29年社会福祉施設等調査の概況」(厚生労働省)によると，主に就学前の障害児への療育を担う児童発達支援，就学後の放課後対策や夏休みなどの長期休業中の支援を行う放課後等デイサービスについて，2014年時点で児童発達支援3258か所・放課後等デイサービス5267か所であったものが，2017年時点ではそれぞれ5981か所・11301か所を数え，児童発達支援で1.84倍，放課後等デイサービスで2.15倍と急増している。また，運営母体については，児童発達支援のうち48.7％，放課後等デイサービスでは55.6％が営利法人となっており，他の事業種別と比べて高い割合を示している。営利を目的として様々な事業者が参入していることがうかがえる。

こうしたなか，事業者・利用者の双方には次のような変化をみることができる。

(1) 事業者側の変化

(a) **支援の個別化**　集団での遊びや育ちあいに主眼をおいた療育ではなく，一人ひとりの短期的な変化を引き出すための個別性の高い訓練を提供する事業所が増えている。

(b) **提供サービスの多様化**　優れた療育実践を共有財として実践全体の底上げを図っていくのではなく，様々な療法・技法が顧客を集めるための事業所の専有物として機能している。そのため様々な療法・技法が乱立する傾向が加速している。

(c) **保護者の利便性の押し出し**　事業所が選ばれるためには，本人に優れた支援を提供することにとどまらず，年中無休営業・24時間預かり・食事の提供など保護者にとっての利便性を売りにする事業所も増加している。

(2) 利用者側の変化

一方利用者の側では，1人でいくつもの事業所を渡り歩く傾向が拡大してい

る。これは(1)の事業所側の変化に対応した利用者側の意識の変化ともいえる。見逃せないのは，子育て時期に涵養された利用者側の消費者意識は，障害児童の成長に合わせて提供されるその後の福祉サービスの利用においても引き継がれていくということである。

(3) **市場化・営利化がもたらす新たな生活課題**

急速に拡大する市場化・営利化の波は，福祉制度の利用を，自己責任の文脈の中に取り込む。どのサービスをどれだけ利用するかを決定するのは利用者・保護者であり，その結果様々な問題が生じたとしても，それは契約の一方の当事者である利用者・保護者が引き受けるべきこととされる。

福祉サービスが提供する側・される側双方にとっての私有物として機能することで，社会的問題を背景として発生する社会保障・社会福祉の課題は，社会から切り離されたものとして描き出される。こうして，深刻な生活課題を抱えた人たちの地域からの孤立化とともに，社会的問題として対応すべき社会保障・社会福祉の政策課題に行政がきちんと向き合えない状況が広がることが懸念される。

2 介護保険との適用関係

新自由主義路線はまた，社会保障・社会福祉への予算を縮小することをめざす。2000年4月からスタートした介護保険制度は，介護事業の担い手を営利事業者に開放しただけでなく，社会保険制度の枠組みを通して介護サービスを提供するという，大きな構造転換をともなう改革であった。

介護保険制度は保険料が制度運営の原資の一部に充てられるため，利用者負担を除いた費用のすべてを公費でまかなう障害者総合支援制度と比べて，国の財政支出は抑制されることになる。これまでに国は福祉提供に際して，「自助→互助→共助→公助」という序列を意図的に持ち込もうとしており，公助としての障害者総合支援制度に先立って共助としての介護保険制度の優先を図ってきた。障害者総合支援法第7条では，「自立支援給付は……介護保険法の規定による介護給付……が行われたときはその限度において，行わない」と定められており，そのことが65歳を境とする障害者の様々な生活課題（いわゆる「65歳問題」）を生み出している。

(1) 「65歳問題」の諸相

「65歳問題」として顕在化している問題は，大きく括って以下の2点である。①介護保険サービスの利用時に1割負担が求められること，②65歳になったとたんに長年慣れ親しんできた障害福祉制度から切り離されて介護保険によるサービス利用が強制されること。

前節で紹介したように，自立支援法違憲訴訟の「基本合意」では，原告団・弁護団からの指摘事項として，「介護保険優先原則を廃止」の文言が明記されている。政府はそれを棚上げしたまま，①に関しては「高額障害福祉サービス等給付費」を拡大し一定の条件を満たした高齢者障害者に障害福祉と介護保険の自己負担上限額の差額を返還する制度を創設したほか，②に関しては介護保険と障害福祉制度に新たに「共生型サービス」を設けてホームヘルプ等について高齢者や障害児者が共に利用できるようにする，などの措置を講じた。これらはすべて制度の基本的な構造には手をつけないまま，現行制度に部分的な改善を上乗せする性格のものである。

(2) 政府が示す障害者総合支援制度と介護保険の適用関係

政府は障害者自立支援法を制定した当初から，障害者総合支援制度と介護保険制度の適用関係について，以下の整理を行い市町村に示してきた。①介護保険だけで必要なサービス料が確保できない場合はその不足分を支給する。②障害福祉に固有のサービスとして提供されているものについては継続して支給する。

ただしこれらの扱いについては市町村が判断することとされており，市町村間の対応に様々な格差が生じている。

(3) 今後の課題

こうした事態のなかで，65歳を超えても障害福祉制度の継続利用を求める訴訟が各地で提起されている。岡山市を相手取った浅田訴訟では，介護保険を申請しないことを理由に障害福祉サービスをすべて打ち切った岡山市の行為を違法とする判決が確定した。

障害福祉制度は障害者が地域で暮らし続けるうえでなくてはならない制度であるにもかかわらず，制度の構造上の問題によって支給が滞る等の問題が発生していることは看過できない。

障害者の生活課題を社会問題から説き起こして，その解決に向けて抜本的な手立てを講じていくことが，制度改善に向けた最大の課題といえよう。

第Ⅱ部
障害者の生きる権利と社会福祉援助

第Ⅱ部　障害者の生きる権利と社会福祉援助／第8章

人間発達と「生活の3拠点」

1　ノーマルな暮らしの条件としての「3つの生活の場」

　福祉（well-being）とは，「capability（伸びる素質＝人格と潜在能力・残存能力）の全面発達」をさす，といったのはアマルティア・センである。詳しくは本書第2章3節を読み返してほしいが，本章とそれに続く3つの章で課題とするのは，「ケイパビリティの全面発達」が展開される条件となる「生活の場」についての検討である。

　生活の場について，ノーマライゼーションの提唱者であるバンク-ミケルセンは，障害のある人も障害のない人と同様に「住む所」「職場など活動する所」「余暇を過ごし休息する所」をもつ権利があると述べている［花村訳・著，1998］。また，ニィリエは「1週間のノーマルなリズム」のためには「家庭・仕事・余暇」という3つの異なった生活の場が必要であるとしている［ニィリエ，2000］。両者に共通しているのは，障害のある人のノーマルな暮らしを成立させるためには，「住まい」と「仕事の場」，そして「余暇の場」の3つの場を保障することにあるとしている点である。ノーマライゼーションの提唱者たちは，巨大施設での「隔離・収容・断種」政策を批判して小規模居住施設への転換を提案しただけでなく，障害者への優生手術の廃止など尊厳を守る措置をとるとともに，人間にふさわしい暮らしの場として「住まい，仕事の場，余暇の場」を分離して確立する必要性を指摘していた点について注目しておきたい。

　この点では，神奈川県相模原市の「津久井やまゆり園」で2016年に起きた障害者大量殺傷事件について，施設規模の大きさだけを問題視する議論が一部にあるが，「居住の場」の小規模化のみが論点ではなく，重い障害のある人の

「仕事など日中活動の場」と「余暇を楽しむ場」の確立も合わせて問われるべきであると考える。

ところで，ノーマライゼーションの提起をふまえた国連レベルの障害者の人権保障の取り組みは，「精神遅滞者の権利宣言」(1971年)，「障害者権利宣言」(1975年)，1981年の「国際障害者年」を経て，「障害者権利条約」(2006年採択，2008年発効，日本は2014年批准）に結実している。障害権利条約では，上記の3つの生活の場に関して，「住まい」については，第19条の「自立した生活及び地域社会への包含」において，学校や仕事など日中活動の場については，第24条「教育」と第27条「労働及び雇用」において，余暇については，第30条「文化的な生活，レクリエーション，余暇及びスポーツへの参加」において，締約国が遵守すべき条文が示されている。その詳細は，次章以降を参照いただきたい。なお，第10章では対象を成人期障害者に設定したことから，日中活動の場を「労働」に限定して述べていることを付言する。

2　生活の3つの拠点と生活圏の構造

ところで，1980年代にわが国の入所施設や障害児学校寄宿舎などの実践の検討を行い，障害のある人の発達の条件として「生活の3拠点」の確立を提起したのは，大泉溥であった［大泉，1989：42-56］。大泉が「生活拠点」というのは，「生活の主要な活動が展開される場」（ベースキャンプとでもいうべきもの）さえあれば，病院，お店，郵便局などがいらないわけでないことに留意したと述べている。また，大泉は図8-1を示し，「3つの生活拠点」と生活の流れを組織する「交通」（場の移動を含んだ活動の展開）も含めて「生活圏」という表現をしている。

(1)「居住の場」の確立

第1の生活拠点は「居住の場」である。「住む場所」であり，家庭やグループホーム，入所施設，学校の寄宿舎などが挙げられる。大泉は，これまでの障害者対策の貧困の理由の1つは，「生活の場」ですべてのことをやらせようとしたことにあり，「施設入所」も「在宅福祉」もそうであったといい，逆にいえば，どんなに貧しい対策でも，この「住む場所」の必要性だけは無視できな

図8-1　生活の3つの拠点と生活圏の構造

```
         ②課業の場              ③地域の自主的・集団的
      (学校,職業訓練所)  ←→       活動の場
                                (鎮守の森,公園
                                 児童館,学童保育所)
              ↘        市 場        ↙
      病 院        ①居住の場          遊具店
                  家庭,生活寮
                  グループホーム
```

出典：[大泉, 1989 : 46]

かったと述べる。さらに，「居住の場」として障害児学校の寄宿舎の実践を取り上げ，その場が楽しい暮らし場であり，異年齢の子どもが協力して集団生活を営むことで，生きる力（生活の技術や態度，生活習慣と自主的規律，生きるための生活の知恵など）を身につけていく場であると概括している。

(2) 「課業の場」の確立

第2の生活拠点は「課業の場」である。平日の日中の時間を学習，仕事などに取り組み過ごす場であって，保育園や学校，職場などをさす。障害がない人にとっては，学校や職場へ通うのは当たり前のこととみなされるが，重い障害のある子どもは，1979年の養護学校義務制実施以前は就学猶予・免除制度によって義務教育の場を奪われ，「失意の在宅」か「障害児施設への入所」の選択しかなかった。また，青年期になっても企業への就職は難しく，「日中を無為に過ごす在宅か，施設入所か」の選択が強いられていた。こうした状況を打ち破ったのは，1970年代以降全国各地で急速に設置が進んだ共同作業所運動であった。法定の授産施設の大半が大規模な入所施設であり，障害の種別・程度によってふるいわけされていたのを，障害の違いや程度を問わず，小規模な「働く場」を当事者・家族・職員・市民の力を集めてつくり，維持してきたのである。つまり，障害者施策において，学校や職場などの「課業の場」の確立

が本格的に問われてきたのが，1970年代以降であったという事実である。

大泉は，入所授産施設の日中活動において作業の取り組みが進んだことをふまえ，「作業の場」と「生活の場」を分離して設定することを求める「提言」（全社協：授産事業基本問題研究会『人間復権の場をめざして』1985年）を高く評価して，「生活の場」をしっかり確立していくことが，「作業の場」での取り組みを発展させる（その逆も当然そういえる）と述べている。こうした「職住分離」の観点から，1970年代に制度化された知的障害者の「通勤寮」（1971年）や東京都で制度化された「生活寮」（1978年），「福祉ホーム」（1979年）など小規模な居住施設，1970年代以降各地で急速に設置が進んだ共同作業所が母胎になって広がった「共同ホーム」づくりを評価している。

(3) 「自主的・集団的活動の場」の確立

第3の生活拠点は「地域の自主的・集団的活動の場」である。平日の放課後（成人では仕事後）や休日などの「自由な時間」に文化・スポーツ・レクリエーションなど，地域での自主的・集団的な活動を展開する場をさす。大泉は障害の有無を問わずこの場の少なさを指摘し，児童館や学童保育などの専門スタッフの配置を提言し，さらに青年期障害者の「青年教室」など各種自主的サークルが増加している点も指摘し，この発展を期待している。公民館活動など，社会教育の発展という観点からも検討が行われる必要があろう。

(4) 生活の流れを組織する「交通」のあり方

大泉は人間発達において，「生活の3拠点」の確立の重要性とともに，拠点間を結ぶ「生活の流れ」の通路ともいうべき「交通」のあり方に注目している。

生活の拠点間の移動に関わって，筆者が共同作業所の運営に携わっていたときに出会った，養護学校高等部を卒業して数年目になる知的障害のある女性の話を思い出す。彼女は作業所の仕事が終わると，自宅近くまで行く送迎バスには乗らず，繁華街へ向かうバスに乗るという。目的は気に入ったカフェで同僚とお茶を飲みながら昼間の仕事の疲れを癒し，可愛らしい制服を着たウェイトレスの働く姿を見ることにあった。自宅へ帰る途中に気分を切り替えるためであると同時に，そのウェイトレスのように働きたいからだという。同年代の同僚と初めてのカフェに入り，何を注文してよいかわからなかったとき，その人

は丁寧に説明してくれたそうだ。彼女は当時, 下請けを担当していたが, その仕事は嫌ではないというものの, できればあのウェイトレスのような仕事が自分にあればうれしいという。

当時は無認可から社会福祉法人格を取得し, 私は法人の役員として2つの通所授産施設とグループホームの運営に関わっていたが, それが一段落したら彼女らの願いをかなえたいと思っていた。その後, 本拠施設の近くにある公営住宅の1階のスーパーマーケットが廃業したとき, 行政からの要請もあって, そのスペースは住民ニーズに応えるために日用品を置くとともに一部を食堂にして, 朝食やランチを提供するようにした。しかし, 彼女らに「洒落たお店ではないね。ここではちょっと……」と言われたことを覚えている。蛇足ながら数年前, 彼女らの要求を形にした, お洒落なカフェと上階をパンの製造工場とした施設を主要駅近くに設置した。

彼女らが仕事を終えてカフェに行くのは,「仕事の場」から「住まい」への移動の際の区切りとして自覚し, 意識されていた。生活の拠点間の移動において, 仕事の後は自宅へ直行するのではなく, お洒落なお店で同僚と語り合い, 優しく配慮してくれる店員さんの働きぶりを見て, 自分もそんな仕事をしたいと思うようになったのである。「生活の3拠点」とともに, 拠点間の移動（交通）のなかで利用するお店なども, 人間発達の場の1つに加えられるべきであろう。

[参考文献]
大泉溥（1989）『障害者福祉実践論』ミネルヴァ書房。
ニィリエ, ベンクト／河東田博ほか訳編（2000）『ノーマライゼーションの原理――普遍化と社会改革を求めて〔増補改訂版〕』現代書館。
花村春樹訳・著（1998）『「ノーマリゼーションの父」N・E・バンク-ミケルセン――その生涯と思想〔増補改訂版〕』ミネルヴァ書房。

第Ⅱ部　障害者の生きる権利と社会福祉援助／第9章

"暮らす"権利と社会福祉援助

現代における障害者の"暮らす"権利

　現在の障害者福祉実践では，就労や訓練等を中心とするいわゆる「日中活動」以外の時間帯における，グループホームや入所施設，単身や家族同居を含めた地域生活を総称して「暮らしの場」と表現している。ここでいう「暮らし」という言葉の含意は，単に住居という「場」の問題だけではなく，そこでのライフスタイルや社会的関係性，その先にある自己実現などの「ありよう」であり，現代における人権の1つと位置づけられるべきである。本章では，暮らす権利とはどのように議論されてきたか，暮らす権利をめぐる制度的変遷はどのようなものであったか，そこで求められる社会的支援や専門性はどうあるべきかということを考察する。

1 障害者の暮らす権利

　2006年に国際連合において採択された障害者の権利条約の第19条には，「自立した生活及び地域社会に受け入れられること」という項目が定められ，締約国に対して障害者が「……他の者と平等の選択の機会をもって地域社会で生活する平等の権利を認める」ことと「地域社会に完全に受け入れられ，及び参加することを容易にする」ための手立てを講じることを求めている。そのなかでは，居住場所の選択の機会の保障，地域で孤立しないための必要な社会的支援を提供すること，地域の社会資源へのアクセスの保障が明記されている。つまり，暮らす権利を保障するということは，住居を保障することにとどまらず，住まいを選択するプロセスや，地域との関係性や住まいを拠点した地域生活の

展開までを含むありようへの着眼が不可欠なのである。

　障害の有無にかかわらず，住まいというのは，暮らしの質を規定する重要な要素である。暮らしの基本である衣食住のうち，衣食は，「長短の差こそあれ消費的で個人的な生活手段」である一方，住まいは，直接消費するものではなく，「住居という物理的な『居住空間』の存在が，いのちを守り，日々の生活行為の場を提供する」という性格のもの［早川，1997：3］である。そのため，衣食については，困窮した際には，他者からの差し入れや福祉団体の取り組みによるなどの問題解決の手段があるが，住居に関してはそのような対応はできない。

　人生の起伏のなかでは，失業や離婚などによって様々な不測の出来事があり，その度に日本では，安定した住居の確保が困難となり，そのような不安を心底に抱えながらの生活では暮らす権利は追求できない。「人として生まれてきて，豊かな感性をもち，個性を伸ばし，充実した人生を送るには，快適な生活環境が必要であ」り，それは「市民社会の基礎」的な条件といえる［早川，1997：10-13］。日本では，先進諸外国にはみられる住宅基本法のような住宅の最低基準を定める法律はなく，日常生活に不可欠なトイレや風呂，台所などの設備を有しない，あるいは寝るスペース以外取れない狭小な住居，さらには住居そのものが保障されない人も多く存在する。一方で，北欧のグループホームでは，居間と寝室は別，本人の利用の可否にかかわらず，キッチン，トイレ，シャワーが個別に備え付けられているのが一般的であり，日本の状況と比較すると，障害者が優遇されていると感じる。

　しかし，それは障害者に対する特別な取り扱いではなく，国が定めた住宅基本法に照らし合わせ，すべての国民に保障されている住宅水準を障害者も享受しているということである。それに加え，障害に対する配慮として，バリアフリーやリフト，車椅子で移動できるスペースなどが保障されている。このような「人としての暮らし」を展開する場である住居はどうあるべきかという国民的議論と制度的保障がなければ，市場による住宅供取得において不利な立場にある人には，良好な住まいは入手困難である。実際，現在，全国各地で展開されている障害者のグループホームでは，その多くは経済的理由により，個人のスペースとして保障されているのは寝室のみで，それ以外はすべて共用という家というよりは部屋と表現せざるをえないものも多い。これでは，自分の趣味

に取り組んだり、家族や友人を招いたり、必要に応じて高頻度でヘルパーや医療職などのケアを受けるということは困難である。障害者の人生を展開する場として、快適な環境、広さや設備面を保障する制度が求められる。

また、暮らしのありように目を向けると、住まいにおいては家族を含む同居者や友人、地域住民など様々な社会的関係が形成される。多様な他者と関係を取り結ぶことは、自らの個性への気づきや、自らの存在が唯一無二であることを発見する重要な契機である。それは重度の障害があり、日常生活の多くを他人の手に委ねなければならない者にとっても同様であり、「重度の人にとって暮らしを築く」ことは、「他者からの承認」とイコールとされている。他者から承認されるということは、「人と人との関係を大切にし、社会のなかで一人の人間としての存在が明確になること」であり、重度障害者が「自立」をするということは、「人が個性ある個人として、他の人に認められ、個人として人と人との関係の中に明確に位置づけられるということ」なのである［日浦, 1997］。このように暮らす権利が保障されるということは、住まいにおける個別性と多様性が尊重されることとイコールである。

2 障害者の住まいに関する制度的展開

障害者の権利条約に描かれているような障害者の暮らしの場、特に重度の知的障害者について、本格的に制度化されてきたのは、1989年のいわゆるグループホーム制度の確立が端緒といえよう。1979年にすべての障害児への義務教育化がされ、卒業後の居場所として共同作業所に通うようになった障害者が親からの自立をめざして、あるいは親亡き後の不安の解消のためにと求めたものである。

障害者の暮らしに関する先駆的実践は戦前期にも取り組まれていた。社会のなかに障害者の居場所がなく家族全体が困窮する現実を看過することができず、「一般窮民保護事業、感化事業、精神病保護など歴史的には精神薄弱者保護事業に先行して成立する保護事業分野」［山田, 2009］のそれぞれに関心を寄せた先駆者たちが各地で知的障害者を含む施設を設立していった。1891年東京に滝乃川学園（創設者：石井亮一）、1909年京都に白川学園（同：脇田良吉）、1916年大阪府に桃花塾（同：岩崎佐一）らによって先鞭がつけられ、その後

も，海外で先進的な障害児教育を学んだ者などたちが各地で様々な実践を展開した。また，戦後においても，1946年に滋賀県に糸賀一雄らによる近江学園，1961年に小林提樹による島田療育センターなどが法整備より前に設立され，重度障害者の生活実践が取り組まれてきた。近江学園では，「一，四六時中勤務　二，耐乏の生活　三，不断の研究」という「近江学園三条件」をモットーとして掲げ，その当時，教育や福祉の埒外とされてきた重度の障害者に対して職員はともに暮らすなかで，「どんなに重い障害があっても人としての発達を遂げ」，「人と生まれて人となる」という確信を得るに至ったのである。

　このような様々な先駆的実践を受けて，1960年代以降，成人期の障害者の住まいが制度化されていく。障害者の住まいに関する政策的展開については，まず入所型施設を中心とした量的整備が中心的課題とされる。これらについては，他の障害より先行して成立した身体障害者施策において，1966年の身体障害者福祉審議会答申の中で，「運営にあたっては，障害種別によって分離処遇が望ましいとして，実際上の運営において障害の状況や分離方式を正当化し」た施設体系をとることとなる。その後，知的障害者についても1968年に「精神薄弱者援護施設基準」が設けられ，体系的整備が図られるとともに，「重度棟」という形での重度知的障害者の分離収容形態が進められた。また，重度障害者に対しては，1971年に国立コロニーを制度化し，定員1200人の大規模施設が登場したのを皮切りに，その後全国各地に大規模なコロニーが設立されていく［高橋，1994］。この時期に全国的に相次いで設置された入所型施設は，当時，教育や就労等の社会参加の機会が保障されていなかった障害者に住まいを与えること，また親亡き後の対応として家族によるケアの補完的役割を担うことを目的として，量的整備が第一義とされたこと，また障害の種類や程度によって施設分類がなされたことが特徴である。

　しかし，その後，大規模な集団生活や住宅地などからは離れた立地という生活環境が人権を保障できるものではないということで，障害者本人を中心に関係者たちからの異議申し立てが行われる。そのような障害当事者たちの声を受け，住まいの小規模化とともに「地域生活」というキーワードが登場してくる。

　その初めが，1971（昭和46）年，厚生事務次官通知「精神薄弱者通勤寮設置運営要綱」により，精神薄弱者通勤精神薄弱者援護施設等を退所した「就労し

ている精神薄弱者を職場に通勤させながら一定期間（原則として2年間）入所させて，対人関係の調整，余暇の活用，健康管理等独立自活に必要な事項の指導を行なうことにより，入所者の社会適応能力を向上させ，精神薄弱者の円滑な社会復帰を図る」ための「通勤寮」であった。しかし，実際に定められた期間内に自立生活へと巣立っていける人は少なく，入所者の滞留化問題が生じた。そこで，通勤寮生の受け皿として，東京都で1978（昭和53）年「生活寮」制度を創設し，複数の自治体で類似の制度がつくられた。

　その後，1979（昭和54）年に，厚生事務次官通知「精神薄弱者福祉ホーム設置運営要綱」により就労している知的障害者を対象に，「家庭環境，住宅事情等の理由により，現に住居をもとめているものに独立した生活を営むために利用させ，就労に必要な日常生活の安定を確保し，もって社会参加の助長を図る」ために「福祉ホーム」が制度化された。しかし，本制度の対象者も限られていたうえに，10人前後という規模についても望ましくないという意見もあり，その広がりは限定的なものにとどまった。

　その後，本格的に一般の知的障害者を対象に，地域生活が試みられるようになったのは，1989（平成元）年の厚生省児童家庭局長通知「精神薄弱者地域生活援助事業の実施について」による「精神薄弱者地域生活援助事業」，つまりグループの制度化以降である。本事業は，それまでの生活寮や福祉ホームなどにみられたように「就労している者」や「社会復帰」を目的とするというような対象者の限定はなく，「地域の中にある知的障害者グループホームでの生活を望む知的障害者」，つまりはすべての障害者を対象とすることとなった。

　グループホーム制度を創設するにあたり，当時の厚生省（現在は厚生労働省）は「グループホームは無限の可能性を秘めているといってよいでしょう。知的発達に障害のある人の地域生活は，グループホームによって可能となる」と述べ，知的障害者の生活の場として，それまでの家族か入所施設という二者択一であったのが，「地域生活」という新たな選択肢が付加されることとなった。グループホームは制度施行初年度は全国に100か所であったものが，2017年時点で7590か所（厚生労働省　平成29年「社会福祉施設等調査の概況」より）と他に類をみない量的拡大を遂げてきた。

　このような「地域生活」の流れは，2004年に当時の浅野史郎宮城県知事によ

る「施設解体宣言」の中で,「幸せ」を追求するという「普通の生活」は「地域にしかない」と述べたことに象徴的に表れている。それは,入所施設を否定する「脱施設」を意味する。厚生労働省が2003年から12年にかけて策定した「障害者基本計画」においても,「『障害者は施設』という認識を改めるため,保護者,関係者及び市民の地域福祉への理解を促進する」ために「入所施設は真に必要なものに限定する」という基本方針を掲げた。しかし,この流れのなかで,本来障害者のよりよいくらしを地域で保障することを目的とするための「脱施設」という手段が目的化することで,国や自治体が障害者の地域での暮らし方について無頓着なまま入所施設を解体していくことについても容認される状況がつくり出されていることが危惧される［塩見,2003：33］。後述するように,障害者の暮らしの質を担保する制度的裏づけがないまま入所施設が解体されていくことは,障害者および家族の不安を高じさせることにつながる。

『平成30年度　障害者白書』によると,知的障害者のうち18歳以上で,入所施設を利用しているのは,11.3万人で13.4％と身体障害（1.7％）および精神障害（11.1％）と比べても高くなっており,やはり入所施設を必要とする者はかなりの割合で存在する。

現在では,従来,重度の身体障害者が主に利用してきた障害者総合支援法の「重度訪問介護」を利用して,海外の「パーソナルアシスタンス制度」を参考に,重度の障害者に対して,一人暮らしという「自立生活」が新たな選択してとして取り組まれ始めている。[★1]今後は,さらに,結婚生活,友人とのルームシェアなどの多様な選択肢が増えることが求められる。

以上,みてきたように障害者の暮らしに関わる施策は,その対象を限定的から一般へと拡大し,量的整備からだけではなく暮らしの質の追求,「地域生活」や「自立生活」というように選択肢も広がってきている。しかし,以下に述べるように,その実践や運営を支える制度的基盤は非常に流動的で脆弱なものである。

3 暮らす権利を保障する社会的支援のあり方と専門性

暮らしを支援するということは,同一の目的に共同的に取り組むことがめざされる就労支援とは異なる専門性が必要であろう。それは,一人ひとりの生活歴や個性を尊重し,人生のあらゆる局面に寄り添うという「多様性」と「個別

性」の尊重である。以下，求められる社会的支援や支援者がもつべき専門性について4点に整理する。

(1) **自分の生活を組み立てる**

親元を離れた暮らしの場があるということは，自分の生活を組み立てるということである。自分の生活を組み立てるということは，例えば食事ということについても，「いつ，どこで，誰と，何を，どのように」食べるかという1つひとつの事柄についての自己決定が求められる。そのなかで，生活技術の獲得をすることは，他者に左右されない生活領域を広げ，自由の拡大へとつながる。

例えば寄宿舎では，単に子どもたちに生活の場を提供するだけでなく，共同生活を通じて，子どもたちに「生活技術」の獲得をめざす教育がなされた。寄宿舎という「居住の場」は，「異年齢の子どもたちが協力・共同して集団生活を展開するなかで生きる力（生活の技術や態度，生活の習慣と自主的な規律，生きるための"生活の知恵"など）を身につけていく場」として位置づけられ，そこでは，「教室での"授業"や"特別教育活動"とは違った日常的な実生活を通じた「生活技術・技能」や「生活の態度」を形成することがめざされた。

「生活の技」とは，「身体的成熟を要する個々の動作そのもの，個々の身のこなし，技能，スキル」であり，「行動の方法」とは「個々の行動パターンのやり方，日常生活動作のしかた」であり，「生活の態度」とは活動への姿勢，行動モデルの設定とその展開のしかた，生活設計のしかた」をさす。子どもたちに，自らの生活技術を獲得していくことを通じて，社会的に作られてきた「生活の貧しさ」すなわち（社会的抑圧という）「支配」への「抵抗」として，生活者としての自覚を促す［大泉，1989］。つまり，自分の生活を組み立てるということは，自らの生活状況を振り返る力量を醸成し，そのなかで生活者としての主体形成を図るのである。

(2) **正解がないことを支援する**

就労支援では，作業内容や対象者像は違えど，皆で「頑張ること」や「効率的に生産すること」がめざされる。それとは異なり，暮らしの場の支援には「正解がない」ことが重要なのである。暮らしの場において，ある人にとって正しいとされる価値観は，別の人には当てはまりえない。

アマルティア・センは，暮らしに正解があるという前提に立つ「人が何をし

ていようとも，あらゆる孤立した選択の行為においてその人は自分自身の利益を推し進めようとしている」という人間像をさして，「合理的な愚か者」と表現している［セン，1989］。この考え方の下では，ある場面に遭遇したすべての人間にとっての選択肢の解は1つであるということが所与のものとされ，どのような状況においてもすべての人が取る行動は同一であると考えられる。

　しかし，現実の生活，人生においてはそのように明快な解は存在しない。社会は多様な価値観をもち異なる人生を歩んでいる人によって構成されているということ，そして，そもそも生活や人生という可変的で複合的なものに正解があるという想定自体に無理があるからである。このことをふまえると，暮らしの支援をするということは，支援者が考えるよい暮らしと当事者のそれとは違うという前提に立つ謙虚さが求められる。

(3) 暮らしにおける共同決定

　暮らしという正解のないものだからこそ，「自分のことは自分で決める」という短絡的な自己決定はなじまない。人と人が関わり合い，お互いの人生や考えを重ね合わせながら，その時どきでよりよいと考えられる選択をしていくほかはない。だからこそ，暮らしの場においては当事者と支援者での，あるいは当事者同士の「共同決定」が重視される必要がある。

　共同決定とは，異なる人生を生きる他者が互いの考えや生き方を見せ合うことで，自分にとってよりよい選択とは何なのかを考える機会があり，また失敗しても受けとめてくれる他者がいるからこそチャレンジできる機会があることによって成立する。このように，支援者と障害者の相互行為が重視される暮らしを支えるためには，支援者自身の自己覚知が必要であり，加えて多様な生活実態や価値観を受容できるための人間的資質の向上が求められる。

(4) 本人の生活・人生をつなぐ

　障害者の暮らしを支えるに際して，支援者は自分の所属する機関の機能に規定された，さらに個人的には労働時間で区切られた範囲のなかでの関わりとなるが，障害者本人にとっては途切れのない時間の流れを送っている。そこで，労働時間で区切られた支援者同士の申し送り，あるいは他機関による連携が重要となる。しかし，現在の暮らしの場での実践は，主に短期間の非常勤の非専門職の職員によって支えられている。このような流動的な雇用状況では，実践

の蓄積が困難であるうえに，1人で支援を行う時間が長く多様な専門的判断や支援を要求される仕事であるにもかかわらず，ケース検討や研修で専門性の向上を求めることも困難である。

さらに，日本の障害者福祉実践においては1人の当事者に対して，同一法人内で暮らし・仕事・余暇が提供されることも多くあり，それぞれの場面で支援者が重なり，本人にとってはメリハリのない生活に陥ることも危惧される。第8章で述べた「生活の3拠点」が意図するところは，空間的な分離だけではなく，それぞれの場において当事者が異なる属性で生きることの重要性である。つまり，人間は生活場面を変えることで労働者・生活者・仲間・友人・市民としてという異なる属性をもち，それが相互に影響しあい，1人の統合的人格をつくりあげるのであり，人としての発達のためには不可欠な要素である。しかし，障害者の場合，すべての生活場面において支援者が重なったり，時には同一集団で完結したりすることも多く，多面的な属性を保障することは現状では難しい。

障害者の多面的な人格の保障ということと，障害がゆえに自らのニーズを適切に表現することが困難な場合の安全・安心な生活環境の提供の両立というのは，矛盾するようでもあるが，その手だてを講じることが暮らしの専門性にもつながるのである。

以上，みてきたように暮らしの場の支援者には高い専門性が求められるにもかかわらず，それを担保する制度的条件は非常に脆弱である。加えて，第13章でも述べるように，障害者の生活基盤である経済的条件も非常に不十分なものであり，暮らしの場で自己実現をするという条件が整っているとはいい難い。

このような状況のなかで，誰もが必要に応じた住まいを選択することができ，障害が重度であっても高齢になっても豊かに社会のなかで生きていくことが保障されるためには，障害者やその家族が「豊かな暮らし・人生」を追求することへの合意形成をするための社会的議論が必要である。それは社会全体の構成員にとって，暮らしの底上げにつながる議論であり，それに寄与する実践的提起を行うことも，暮らしを支える専門職に求められている。

1 重度知的障害者の重度訪問介護を利用した自立生活については，寺本晃久・岡部耕

典・末永弘・岩橋誠治（2015）『ズレてる支援！　知的障害／自閉症の人たちの自立生活と重度訪問介護の対象拡大』生活書院，に詳しい。

[参考文献]
大泉溥（1989）『障害者福祉実践論―生活・労働の援助と人間的自立の課題』ミネルヴァ書房。
塩見洋介（2003）「脱施設化時代の知的障害者支援」障害者生活支援システム研究会編『ノーマライゼーションと日本の「脱施設」』かもがわ出版。
セン，アマルティア／大庭健・川本隆史訳（1989）『合理的な愚か者―経済学＝倫理学的探究』勁草書房。
高橋憲二（1994）「障害者施設の発展過程と体系的整備の方向」『障害者問題研究』第22巻3号。
早川和男（1997）『居住福祉』岩波新書。
日浦美智江（1997）「重い障害のある人の自立生活支援について」『発達障害研究』第19巻第3号。
山田明（2009）『戦前知的障害者施設の経営と実践の研究』学術出版社。

"暮らす"権利を保障する社会福祉実践
高齢期を迎えても自由な暮らしがしたいＡさんの支援

伊藤成康

はじめに
　Ａさんは1949年生まれの70歳で，軽度の知的障害とてんかん発作のある男性である。現在は，障害者のグループホームを利用しながら，近くの就労サービスＢ型の作業所に通い，在宅高齢者向け宅配サービスの「お弁当」作りの仕事をしている。作業所では，同僚の若い利用者に「しっかり働かなあかん」とぶつぶつ言いつつも，「俺がいないと駄目や」とベテラン作業員として頑張っている。そして，月３万円の給料で，近くの喫茶店へ通いつめ，自室のテレビの時代劇を毎日楽しみに生活しているオジサンである。
　彼の暮らしは，家族との暮らしから，職員に支援してもらっての単身生活，気のあった仲間とのグループホーム暮らし，そして自信いっぱいの単身生活をへて，高齢期に入りグループホームに戻ってきた。高齢期を迎えて課題をもちつつも，彼の生活力の高さや環境の変化に順応する力に改めて驚かされた。今回，彼の暮らしと支援者の葛藤を振り返り，暮らしの支援のなかで大切にしてきたことを報告したい。

（１）作業所と出会い自信をつける
　Ａさんのこれまでの70年間は，いろいろな生活の場を経験し，希望でいっぱいのときや苦しいときもあり，まさに山あり谷ありの人生であった。

男性ばかりの4人兄弟の末っ子に生まれ，小中学校は普通学級で学んだが，10歳のときに重いてんかん発作の症状が出て，中学卒業後は長く在宅生活であった。兄らは早くから家を出たので，30歳のときに母が死去したあとは厳格な父との2人だけの生活となった。発作時はイライラしてしまう彼であったが，彼の障害やてんかんを理解しない父であったために，父との関係は悪化していった。対立の果て，家庭内暴力という理由で，彼は精神科の病院に入院（社会的入院として）となる。
　入退院を繰り返し，少し落ち着いた35歳の頃，さつき福祉会のさつき障害者作業所へ通うこととなる。作業所では，自転車の鍵の組み立ての流れ作業に入り，まじめに働くので，仕事の面で頼られることも増え，自信もつけ，精神的にも少しずつ安定した生活となっていった。

◆このまま作業所に通い，家を出たくない
　そんなある日，父が心臓発作で倒れ緊急入院となる。父が自宅に帰ることも厳しい状況で，兄たちは彼に「生活施設への入所」を勧め，決断を迫られることになる。
　彼は，「このまま家にいて，作業所に通いたい」との思いが強かったが，家に1人で残ることにも不安があった。彼の背中を押したのは「Aさんならできるよ」という職員からの励ましだった。1985年の春，まだグループホームの制度がなかった時代の彼の人生のチャレンジでもあり，職員としても大きな決断だった。
　ただ，実際に単身生活するとなると，解決しなければならない問題もいろいろとあった。てんかん発作もまだ安定せず，家族への説得や彼自身との生活のルールづくりも必要であった。特に近所の人は火災への心配が大きく，この時代は，便利で安全な電気製品もなかったので，火を使わない生活のあり方を彼と一緒に考えた。
　近くの定食屋で食事し，お風呂も銭湯を使う生活が始まった。彼なりに頑張りつつも，残念ながら地域からの苦情も少なからずあった。ゴミ回収でない日に出し，回覧板を早朝にチャイムを鳴らして配った。職員も毎日彼の家に通い，家に泊まり，彼の生活を見守った。健康面の改善のため，京都市内にあるてんかんの専門病院に通い，入院治療もした。その甲斐あって，生活に大きく支障をきたすてんかん発作もほとんどなくなり，生活が安定してきたかに思えた。
　しかし，一人暮らしを続けるなかで，徐々に1人が寂しく，毎日のように夜中に職員に電話した。近所とトラブルで上手くいかないときは「もう施設に行こうかな」と弱気になるので，職員との交換日記を始め，不満や不安を共有化して励ました。これまでのAさんは見事なほど親任せの生活をしてきており，人に与えられて生活してきたので，生活力も社会的常識力も非常に弱かった。その時，事件が起こった。いつの間にか隠れてタバコを吸い，吸い殻をゴミに出したのを近所の人に見られてしまった。このまま一人暮らしが続けていけるのかと，職員も非常に悩んだ。

（2）グループホームの制度化に乗って
　1989年に国のグループホームの制度（現在の共同生活援助事業）がスタートした。入

所施設のような大人数での暮らしではなく，地域での4～5人程度の小規模の家庭的な暮らしの場であった。

すでに，1975年から大阪府吹田市で重度障害者の働く場づくりを進めてきた「さつき福祉会」にとっても，暮らしの場はとても魅力的であった。親は高齢化し，いつまでも子どもの面倒をみることはできない。兄弟も自分の生活があり期待できない。親が病気で介護できなくなっても，急には生活施設に入所できず，施設はどこも待機者でいっぱい。多くの家族が親亡き後の生活できる暮らしの場を熱望した。吹田から離れず，そのまま作業所に通い続けられるグループホームは新たな暮らしの場の期待の星となった。

早速開設準備を進め，住まいを探したが，障害者の共同生活では物件が思うように見つからず3年以上も費やすことになる。1993年4月，千里ニュータウンの住宅地に，平屋一戸建ての賃貸住宅が見つかり，関係者の期待と不安を背負ってグループホームが始まった。吹田市で第1号となったそのグループホームは，Aさんが映画『フーテンの寅さん』の大ファンであったのが理由で「とらや」と名づけられた。主人公の寅さんがいつも故郷として戻ってくる団子屋の名で，ホームも彼らの故郷・実家となってくれるよう願いを託してのスタートだった。

すでに単身生活しているAさんも，初めは「なんでホームなんや」と言いつつも，近所とのトラブルもあり，一人暮らしの寂しさもあるので，気心知れた仲間たちと一緒に生活するのは楽しそうと思ったようだ。「グループホームで生活の力をつけて，また単身生活に挑戦すれば」と職員に励まされて利用することになった。

とらやの同居人は，20年以上も精神科病院に長期入院し，ようやく退院が実現できる人，将来は独り立ちし結婚もしたい人，親離れして自立生活を希望する人等，それぞれ夢や期待をもった5名の仲間たちの共同生活の始まりだった。このホームは，皆で掃除，洗濯，洗い物当番を分担し，自分の事は自分で，職員がフォローしつつも利用者だけで買い物・調理もした。Aさんは，積極的に皆をまとめようと努力し，利用者同士の喧嘩にも仲裁に入り，兄貴分的な役割を果たした。

◆仕事の安定と再度のアパート暮らし

グループホームを利用した頃，さつき障害者作業所では，廃品回収と公園清掃の仕事で高い賃金をめざす作業班が生まれ，班の中心で電動草刈機も使うAさんは，ますます仕事にも自分にも自信をつけていた。仕事の自信は，生活面にも現れ，自分の事はしっかり行えるようになり，貯金をし，週末に皆と一緒に夕食を作ることも。京都の病院にも自分で通院し，健康を意識するようになってタバコもやめていた。

その彼の頑張る姿を見たボランティアさんが，私学の学校清掃の仕事を一緒に働かないかと誘ってくれた。作業所では味わえない一般就労の緊張感。そして達成感を得るなかで，ますます自信と実力をつけていった。

そして，グループホーム5年目に入り，単身生活の準備に入ることにした。本人も「いろいろ自分でできるので，また1人で生活したい。今度は大丈夫」と，グループホームの近くのアパートを職員と一緒に探し，再度の一人暮らしが始まった。近くに美

味しい定食屋さんも銭湯もあったが，時どき自分で夕食を作り，お風呂も自分で入れた。もう，彼には火の始末の問題はなくなっていた。

（3）危うく命を失う事故に

そんなある日，大変な事故が起こった。作業所の廃品回収のとき，トラックの荷台に乗って廃品の積み下ろしをしていたAさんが体ごと車から落ちて，バックしたトラックにひかれてしまった。すぐ救急車で病院に運ばれたが，3か月の入院の結果，タイヤで腸が潰れてしまい，それ以来彼は人工肛門となってしまった。それから20年経った今も彼はこの怪我の後遺症が続いている。

人工肛門の処理を自分で行わないといけなかったが，手先も器用で，ある程度の処理も自分でできた。本人の強い希望で，単身生活は続けることとなるが，そのことで精神的にもストレスとなり，1年後に胃潰瘍を患うこととなる。

◆作業所をかわり，新たな仕事に挑戦

胃潰瘍の手術は成功したが，人工肛門も抱えかえ，あまり体に負担な仕事はどうだろうかと，55歳のときにさつき障害者作業所から「ぐーちょきパン屋さん」へ異動した。パン屋さんも高い給料をめざし，手先も器用で，客商売も向いていたので，彼は一発返事で了解した。

若い利用者が多かったが，彼はしっかりとパン屋集団の中で頑張れていた。その後，より給料の高い「宅配給食センターことぶき」という配食事業所へ移ることとなる。パン屋と同じ系列で，利用者の年齢層も彼に近い人が多くいる弁当屋である。

そんな矢先，彼のアパートが老朽化で取り壊しとなり，新たな引っ越し先を探すこととなる。多くの職員も探してくれて，さつき障害者作業所の近くに，安くて綺麗な住居が見つかった。そこは何かのときに職員の応援もスムーズにできる距離だった。

Aさんももう60歳となったので，さすがに体の方もガタがきて，歩行も不安定で，入浴の支援などヘルパーを利用して生活を乗り越えてきた。家事支援のヘルパーにお願いし，一緒に買い物したり，ヘルパーに夕食を作ってもらったり，外食をしたりして，なんとか生活を頑張ってきていた。

しかし，高齢期を迎えるなかで，これまでできていたてんかん発作の薬の飲み忘れや，通院日程すら間違うことも出始めた。そのため，弁当屋でのてんかん発作も増え，彼の一人暮らしへの心配はどんどん積もることとなっていた。

（4）グループホームへ戻るAさん

数年後に，新しい府営住宅のグループホームが開設され，集合住宅の暮らしの場なので，比較的障害の軽い人が募集された。弁当屋の同僚やAさんと昔一緒に公園清掃作業していた人も今回のグループホーム利用の対象者だった。

Aさんは，「ホームに入っても，自由なんがええ」と切望し，「外で夕食を食べて来ても，遊んで来てもいいけど，健康のチェックはするよ」という約束をして，彼は久しぶ

りにグループホームへ戻ってきた。アパートに残りたい思いもありつつ，発作が増えていると職場で言われ，自分の体が弱ってきている事実に対してとても不安になっていた。今回のグループホームも，知り合いも多く安心したようだ。

　グループホームへ戻ってすぐ，通勤中に転倒骨折し，手術後に病院で正月を迎えることになる。彼は，お気に入りの女性職員が見舞いに来ると病院のベットでＶサインし喜んだが，ようやく退院かというときに，「ふらふらする」と今度は脳梗塞が見つかり，春まで入院が続くこととなる。入院中に見つかり本当によかった。2014年の彼が介護保険の非該当を受けた65歳の春のことである。

　グループホームへ戻ってからのＡさんの生活は，健康状況も見違えるように安定し，その行動も単身のときより広がった。ホームの朝食をパスして駅のうどんを毎日食べに行き，お店のおばちゃんと仲良くなった。月１回のガイドヘルパーで，自分の趣味（時代劇や刀剣等）を広げた。なんと，大好きだったブルース・リーのお墓詣で，ガイドヘルパーと香港にまで旅行した。まさに自由を満喫するＡさんだった。

（5）これからのＡさんの暮らしと職員の課題

　70歳を迎え，今後の暮らしどうする？と質問すると，本人は，「まだ仕事やね。もう少し働きたいけど，歩けんようになったら，老人ホームに行くわ」と言っている。昨年，特別養護老人ホームを見学し，まだ自分の行く所ではないとは思いつつも，そんなにいやな感じはしなかったそうだ。介護保険は要支援１なので，通所介護は無理だが，５年後10年後にはますます衰えるので，彼と一緒に考えていきたい。

　今後要介護になって，グループホームで暮らしを続けながら，日中だけ介護事業所に行くか，小規模多機能事業所につなげ，ショートやヘルパーも連携するのか，それともグループホームを出て，新しい暮らしの場を探すのか。選ぶ方法はいろいろとあるが，決めるのはＡさんである。

　私たちが大切にしてきたのは，職員にアドバイスされつつも，最後は，彼自身で納得して決めることで，そうしてきた彼の人生はとても誇れるし，今後も応援していきたい。当事者の彼らが迷うのは当たり前だが，支援者も迷う。そのとき，職員としてどう判断するのかが重要である。職員の専門性は，日常的に行政や相談支援，地域の病院やヘルパー事業所等の社会資源と連携・把握し，当事者が自分の意思で決めていけるよう支援するコーディネート力と，彼に寄り添い，真摯に本心を掴み，当事者の思いを想像できる意思決定支援である。これしかないと頑なになるのでは駄目である。制度がなくても，地域の協力者を広げる知恵も必要である。暮らしのなかでは，失敗もよい体験として，おおらかに見守る事が大切である。

　しかし，今のグループホームの制度では，専門性をもった正規職員の配置が厳しく，多くの高齢のパート労働者が彼らの生活を支えており，重度の人の利用は厳しい。だからこそ，どんな障害者も地域で安心して生活できるグループホームの制度を期待したい。

第Ⅱ部　障害者の生きる権利と社会福祉援助／第10章

"働く"権利と社会福祉援助

現代における障害者の"働く"権利

「生活の3拠点」のうち，「課業の場」の課題をここでは取り扱う。成人期の障害者を対象とするので，働く権利の問題状況と課題を述べる。

1 就労によって得られる「人間的利益」をどう評価するか

　障害がある人々に就労を保障することの意味を考えるとき，OECDがベント・アンダーソンに委嘱した調査の報告書（タイトルは"Work or Support", 1966）は示唆的である。この調査は欧米の6か国を対象に，一般雇用が困難な障害者に対する政策手段の選択において，"work"＝「保護雇用制度」（わが国ではまだ導入されていない制度であるが，その内容は，一般労働者と比べ労働能力が3分の1～3分の2の程度にある障害者にも，労働者の基本的な権利である最低賃金を保障し，障害に配慮した環境の下で働けるようにする制度）と，"support"＝「扶助」（現金給付）のどちらを採用することが経済的に有利かを検討することにあったが，アンダーソンは依頼を果たすことができなかった。その理由は，各国の保護雇用制度が機能している経済的社会的条件の違いを経済的評価に組み込むことが困難であったからであるが，さらに大きな理由としては，障害者が働くことによって生み出される「人間的利益」（human gains）を客観的な経済的価値に換算することができないという点にあった。ここでいう「人間的利益」とは，①人間関係の改善，②病気の減少，③依存性の減少，④余暇活動の改善，⑤精神的疾患の徴候の改善，などをさしている。[★1]

　この報告書で注目されるのは，社会政策の政策手段の選択において「客観的

な経済的価値」として計測できる価値のほかに,「人間的利益」という価値をどのように位置づけるべきかを問いかけていることである。金銭に置き換えることができない,障害者の人間的価値が尊重される社会であるならば,政策手段としての保護雇用制度は高い「社会的評価」を得ることになろう。★2

なお,保護雇用とは英語では一般に"sheltered employment"と表記されるが,「保護(庇護)された」という表現は,今日にふさわしいとはいえず,「きょうされん」などわが国の障害者団体は「社会支援雇用」と呼び,その創設を求めているので,以下では社会支援雇用と表記する場合もある。

2 障害者権利条約と障害者の働く権利

ところで,国連が採択した障害者権利条約は,障害者の労働の権利について,どのような提起をしているのであろうか。以下紹介する。

障害があると,働く意思と一定の労働能力をもっていても多くは就職できず,その結果,他の障害のない人と比べて低位の生活を余儀なくされる。基準を満たせば障害(基礎)年金の給付はあるが低額であり,自力では生活を営めず,多くは家族扶養に依存するか,生活保護を受給している。障害者権利条約はこのような差別を放置せず,成人障害者の「労働についての権利」を承認している(第27条)。日本国憲法でも労働の権利と義務は明確に規定されているが,雇用市場の自由競争に任せれば,障害のある人には,この条文は「絵に描いた餅」になる。

雇用の場から排除されがちな障害者の労働権を実現するために,権利条約は各国政府に対して,障害者の雇用における差別の是正措置を講じるよう要請している。その方策としては,企業に一定割合で障害者の就労を義務づける「割当雇用制度」(わが国では障害者雇用促進法)と,日本ではまだ実施されていない前述の「保護雇用(社会支援雇用)」があるが,これら雇用における「特別の措置」は,積極的差別是正措置の一例といえる。

また,上記の雇用における「特別の措置」である割当雇用制度や保護雇用制度によって就職した人に対して,仕事を継続するために,障害の状態に応じて講じられるべき個別の支援を「合理的配慮」と呼び,そうした個人的な措置を事業主にとることを要請している。要するに,障害者が障害のない人と対等平

等に仕事ができるように，障害者にあわせた物的・人的環境を整備するという義務が，職場であれば事業主に課せられるのである。例えば，耳が聞こえないために，十分にコミュニケーションがとれないということであれば，事業主は手話通訳者をつけるなどして，その人の労働能力が発揮できるような措置を講じなければならないということである。つまり，障害者の障害状態の個別性や人格の固有性に即した環境調整によって平等を確保することを合理的配慮と呼び，これを雇用の場でも講じるというのが，障害者権利条約のスタンスなのである。

3 わが国の障害者就労施策の現状と問題点──保護雇用制度の欠如

保護雇用制度とは，ILO 第99号勧告（1955年）によれば「雇用市場における通常の競争に耐えられない障害者のため，保護された条件の下で行われる訓練および雇用の施設」であり，その類型は①保護工場，②在宅雇用，③企業内保護雇用，④戸外作業プロジェクト，⑤事務作業プロジェクトなどがある。欧州諸国の保護雇用では，障害労働者に労働法規が適用され，最低賃金額を下回るときには国から補完手当が支給される（フランス）など，国家責任によって就労保障の措置がとられている。この制度は，欧州諸国だけでなく，OECD 加盟国の大半で採用されている。保護雇用制度を採用している国々では，経済効用的な発想を脱却し，障害者の「人間的利益」を擁護する価値観に立脚して障害者の就労保障制度が設計されているのである。

ところで，わが国の障害をもつ人々に対する就労施策においては保護雇用が欠落しており，大別すると「一般就労」と「福祉的就労」の2本建てになっている。

一般就労の促進策は障害者雇用促進法によっており，企業等に定率の障害者雇用を割り当て，法定雇用率を下回る企業等から雇用納付金を徴収することを内容としている。

また，福祉的就労とは，かつては授産施設・福祉工場等の福祉施設（小規模作業所も含む）における就労のことをさし，利用者の法的位置づけは労働者ではなく福祉対象者であった。したがって，賃金ではなく低額な工賃が支払われていたにすぎない。ところで，2006年に施行された障害者自立支援法（現・障

害者総合支援法）によって、「訓練等給付事業」のなかに「就労移行支援事業」「就労継続支援A型事業」が新設され、障害者は事業主と雇用契約を結び、通常の労働法規が適用されることになったが、働く施設でありながら、「介護給付事業」などと同様にサービス利用料を徴収されるという、矛盾した位置づけの事業が新設された。しかも、賃金に対しては公的な補填がなく事業主責任とされるため、仕事が少なくなると労働時間が短縮されるなど、これでは保護雇用（社会支援雇用）とは呼べない水準にある。

4 就労保障制度改革の論点

このように、わが国の障害者の就労施策は、それぞれ別体系にある雇用施策と福祉施策の接ぎ木というのが実態であり、さらに、障害者自立支援法の施行によって、労働者であるのか福祉的就労の対象であるのか、判然としない事業が紛れ込んでいる。

就労保障制度の改革にあたっての第1の論点は、両者の分立ないし折衷を維持するのではなく、これまで政策選択から排除されてきた社会支援雇用の導入にあると考えられる。労働能力に制約があっても、働く意思をもち継続的な就労を希望する障害者には福祉サービスではなく、最低賃金法等の労働法規を適用する社会支援雇用の制度的確立が論点となる。

そして一般就労施策においては、雇用される障害者の努力を促すことを中心とするのではなく、雇用する企業の側の社会的責任として、法定雇用率の引き上げと未達成企業（公的機関も含む）へのペナルティの強化、さらには障害労働者の解雇を規制し、「合理的配慮」の提供を行うことで職場定着を図るシステムづくり等が課題となる。また、すぐには労働になじまない重度の障害をもつ人々に日中活動の場を確立すること、そしてこれら課業間の移動の双方向性を確保することが課題になっている。

就労保障制度の確立と表裏をなす第2の論点は、「就労（課業）の場」とともに「居住の場」と「地域の自主的集団的活動の場」を成人期にふさわしく確立することである。こうした「生活の3拠点」[★3]における活動と移動によってこそ、人間らしい発達と社会的自立を促進するといえるからである。

5 就労と所得保障の関連，そして社会サービスの必要性

　社会支援雇用を含め，就労することにより最低賃金を上回る収入を得ても，心身の障害がある人には，収入はそれで十分とはいえない。障害に関連して必要な出費が生じるのだから，非障害者と同等の生活条件を提供するためには，そうした諸出費を年金や手当という形で社会的に保障することが必要になる。また，社会参加するためには，移動や介護などの社会的なサービスの無償での提供も必要になる。

　冒頭に紹介したベント・アンダーソンの調査報告書のタイトルは "Work or Support" であったが，賃金，年金・手当，社会サービスは，そのいずれかを選択するのではなく，その障害者の必要に基づいて Work and Support の考え方で実施されることが求められる。障害者総合支援法は，就労自立を最終目標にしているが，その際，「自立」とは福祉サービスを利用しなくなることと捉えている。つまり，福祉と自立を対立関係として捉え，「福祉（依存）を脱して就労（自立）へ」とする認識枠組みにある。就労していても，必要な福祉サービスや所得保障制度を利用するのは当然であり，「福祉とともに就労を」という観点から，就労施策，所得保障制度，社会サービスの給付を組み合わせて，障害者の自立を実現することが重要な視点となる。

　また，障害者のなかでも，特に自己決定能力に制約のある人への個別的な社会サービスの供給にあたっては，障害状態の個別性や人格の固有性に即した環境調整を意味する「合理的配慮」を実施することである点に留意しなければならない。

　第二次世界大戦直後のイギリスは，ベヴァリッジ・プランに基づいて福祉国家づくりを行ったが，その内容はすべての国民の最低生活保障という「所得保障国家」をめざすものであった。これに対して，スウェーデンなど北欧の福祉国家の今日の到達水準は，「所得保障＋社会サービス保障」国家といいうる。所得の保障にとどまらず，福祉サービスを含む社会サービスは原則無料で，個別的なニーズに柔軟に対応しているのである。アマルティア・センは，福祉（well-being）の実現とは，財や所得の保障にとどまらず，それらを活用して，その人の人格と潜在能力・残存能力（伸びる素質）が全面発達することであると述べたが，単に就労の場と最低賃金さえ提供すれば「自立」を達成したとみ

なすのではなく，その人の全面的な人格と諸能力の発達こそが障害者福祉の課題であることを銘記しなければならない。

1 児島美都子編（1982）『障害者雇用制度の確立をめざして』法律文化社が，保護雇用制度に関するわが国最初の紹介書である。ベント・アンダーソンの報告書の評価についても同書参照のこと。
2 青木圭介（2002）『現代の労働と福祉文化』桜井書店，第6章参照。
3 人間発達のための「生活の3拠点」については，大泉溥（1989）『障害者福祉実践論――生活・労働の援助と人間的自立の課題』ミネルヴァ書房，参照。詳しくは，本書第8章を参照のこと。

"働く"権利を保障する社会福祉実践
地域と福祉と行政が連携し，「リフレかやの里」の再生をめざす

青木一博

本実践の舞台となる与謝野町は，2006年3月1日，加悦町・岩滝町・野田川町の旧3町が合併し誕生した。かつて当地域は織物業（丹後ちりめんの一大生産地）で栄えたが，生産高が今では最盛期の3％以下に落ち込み，それに代わる産業がないこともあり少子高齢化が進んでいる。

（1）滞在型保養施設の開業，突然の倒産，指定管理者募集と選定
合併前の旧加悦町が，地域の織物業の急激な衰退のなか，農業と観光振興を目的に9億円の巨費を投じ，1998年にレストラン，大浴場，宿泊施設を備えた滞在型保養施設「リフレかやの里」を開設した。その後数年間は集客も多く経営も安定していたが，高速道路開通による車の流れの大きな変化，浴場ボイラーの燃料代高騰のあおりを受け，開業10年目の2008年に突然倒産，3年間閉鎖された。再開を求める地域の強い要望に応え，与謝野町が指定管理者を募集。応募団体のなかから町が社会福祉法人よさのうみ福祉会（以下，福祉会と略記）を指定管理者に選定，改修工事を経て2011年10月に再開した。2019年3月末でリニューアルオープンから7年半が経過，この間の延べ来場者数は約42万7000人に達している。

（2）福祉会は町の指定管理者になぜ応募したのか
当時は織物業の急激な落ち込みやリーマンショックの影響により，福祉会の事業所には一般企業を解雇され，行き場がないため福祉的就労の場を求める離職障害者が多数在籍していた。福祉会は，障害のある人たちに働く場と仕事を提供してきた長年の経験を通し，リフレかやの里の指定管理者に指定されれば軽度の障害者に新たな働く場を確保

し，高工賃を保障できる仕事がつくれるのではないかと考え指定管理者募集に応募した。

30年近い障害者福祉実践はあるものの，ホテル・大浴場・レストランなど営業経験がまったくない障害者福祉法人が指定管理を担うことは大きなリスクを抱えた挑戦であったが，新たに農産加工を加え地域と連携してリフレかやの里の再生を図ろうとする提案が町に採択され，その後紆余曲折はあったが2011年4月，よさのうみ福祉会がリフレかやの里の指定管理者となった。

（3）リフレかやの里の事業内容と地域への貢献

福祉会は，リニューアルオープンにあたり，周辺地域の理解と協働を抜きに「リフレかやの里」の再生はありえないと考え，地域に徹底的に依拠した取り組みを展開した。

「森のレストラン」は，安心安全の地元農産物（米，野菜等）をふんだんに使っている。季節ごとに旬の野菜の煮物や和え物，サラダ等，素材を活かすために薄味で仕上げられた手づくりの料理，地元産の有機米「京まめっこ米」，郷土料理「丹後のバラ寿司」などがカウンターに所狭しと並び，食後のデザートのケーキやゼリー，パン，有機コーヒーや農産加工所で製造したジュースなどが好評を得，地域のリピーターが多い（年間売上約3000万円）。

「森のホテル」は，洋室6部屋，和室2部屋に最大28人の宿泊が可能。大浴場は，ハーブ湯，ミストサウナを備え，国定公園大江山を借景にゆっくり体を休めることができる。水道水を沸かす熱源は，2015年度から与謝野町により環境に優しいバイオマスボイラーが設置され，丹後地域の森から切り出された間伐材のチップを燃やして大浴場を稼働している（冬期は灯油ボイラーを併用。ホテルと大浴場の年間売上額は約2000万円）。

「農産加工所」では，ジュース，ジャム，ドレッシング，ピクルス等，地元食材を活かした加工品づくりに取り組んでいる。これまで商品価値がないと捨てられていた規格外の果物（みかん，梨など），野菜を生産農家から委託を受け，ジュースやジャム，ドレッシング，たれなど特産品に加工することで生産農家が付加価値をつけて販売している。今では加工注文の9割を委託が占め，周辺地域の経済効果は数千万円に及ぶといわれている。

その他，地元産コシヒカリの米粉パンやエクレア，パウンドケーキ，ようかんなどの菓子製造を行っており，リフレで作った惣菜，パン，お寿司などを移動車で販売し（週3回／定点22か所），買い物難民といわれる地域の高齢者に喜ばれている。

（4）障害のある者もない者も，50人のスタッフが一体となって

リフレかやの里で働く障害者は就労継続A型事業所に11名，B型事業所に16名，支える職員が15名，合わせて40名を超すスタッフが，障害のある者もない者も一体となってリフレかやの里の仕事を担っている（A型は雇用契約を締結し一般就労をめざす事業

所，B型は福祉的な就労訓練事業所である。事業所開設以来7年半でA型利用者の8人が一般企業に就労）。

　レストランフロアーでの接客，厨房での下ごしらえや食器洗い，フロントでの受付，ホテルのベッドメイキング，お風呂・トイレ・廊下の掃除，周辺の環境整備，農産加工所でのジュースやジャム等の農産加工品づくり，パンやケーキづくり，露地野菜やハウスでのネギの定年栽培，援農など，障害のある人もない人もそれぞれが役割を担いリフレかやの里の事業を支えている。

（5）リフレかやの里で働くことの魅力と誇り
　障害のある人たちがリフレかやの里で働く魅力や喜びは，主に次のように整理できる。
① 　高工賃を保障　　A型の利用者には全員に最低賃金（時給882円）が支払われ，勤務時間により支給額に差はあるが，2017年度の月額平均賃金は9万4112円（全国のA型事業所平均額は7万4085円）。B型利用者の月額平均工賃は4万7404円（全国のB型事業所平均額は1万5603円）。
② 　仕事を通して地域に貢献　　リフレかやの里のレストランや浴場，ホテル，農産加工所などでの仕事を通し，リフレを利用される方々から感謝され地域社会に貢献していることは，リフレで働く利用者にとって喜びであり，仕事に誇りをもてる要素となっている。
③ 　利用者に合った仕事を選択　　人口約2万人の与謝野町は，リフレかやの里を含め当福祉会が運営する事業所が5か所，別法人のA型事業所が1か所あり，様々な仕事や活動を展開している。利用者は，障害特性，能力，経験や希望に応じ自分に合う働く場や仕事を選べて挑戦できることも当地の魅力である。

（6）リフレかやの里で働くKさんの事例から
　A型利用者のKさんは，リフレかやの里が就労継続支援事業を開始して以降8年間，リフレの清掃チームで働いている。Kさんは，かつて二十数年保険営業の仕事をしていた。一般職員のときは丹後地域でもトップの成績をあげたが，中間管理職になって上司と部下に挟まれてのノルマと競争がストレスの大きな原因となり，うつ病で長期欠勤。そのため退職，しばらくアルバイトをしていたが収入も減り，家庭も失うことになった。こうした諸々が総合的に影響したのか，50歳で精神病（統合失調症）を発症し，3年間で2度にわたる入院と実家での療養を繰り返した。Kさんは，「これで自分の人生も終わりかと思った」と当時を振り返る。

　2010年の早春，主治医から「家にこもっていると病気は絶対治らない。騙されたと思って共同作業所で働いてみては」と強く勧められ，与謝野町障害者相談支援事業所を紹介された。当時Kさんは，「共同作業所は障害のうんと重い人が利用する場，病気しているとはいえ健常者に近い自分が行くところではない」との思いが強かった。

Ｋさんを担当したのは，よさのうみ福祉会の相談支援専門員Ｓさん。早速Ｋさんの実家を訪問したが，緊張のためか元気のない姿のＫさんは共同作業所で働くことを頑なに拒んだ。それでもＳ相談員が粘り強く４回，５回と訪問を繰り返すなかで，作業所の見学を勧め，Ｋさんはしぶしぶ野田川共同作業所を訪問した。
　当時，野田川共同作業所は40名を超える利用者が下請けのコード巻きやお守りの紐遠し，絹のくず糸切りなどの仕事をしていた。難しい仕事はできないが，簡単な仕事を見て「これならできるかも」と思い，最初は作業所の送迎つきで１日おきに通うようになった。次第に作業所の環境や仕事に慣れ，１日おきが毎日となり，送迎が自力通所となり，半年ほどすると調子がよくなってきたことが実感できた。それが働く意欲につながり，作業所の職員に「よいところがあれば来年の４月から働いてみたい」と話すまでになっていた。
　2010年12月頃，「リフレかやの里」の再開準備が本格化し，就労継続支援Ａ型，Ｂ型各事業所の利用者募集が始まった。Ｋさんは作業所の職員に，「リフレかやの里」Ａ型への応募を勧められ，福祉的就労であることや無理のない勤務時間や賃金額などに魅力を感じて応募し，2.5倍の倍率のなかから採用され2011年４月からリフレで働き始めた。
　Ｋさんは週５日の出勤日は，午前８時10分にはリフレに到着し８時45分の始業に備える。清掃チーム６人の朝のミーティングで仕事を分担し早速取りかかる。11時の浴場開業に向け，10時半まで大浴場内の掃除，そこを終えるとホテルの客室清掃に移る。前日が満室利用の場合は，室内掃除とベットメイキングを終えると昼食開始が午後２時になることもある。午後はトイレや館内外の清掃を行い，午後２時半までの５時間働いている。
　この８年間，病状も落ち着き安定している。病気で職場を休んだことはない。眠前薬を欠かすと夜眠れないので４週間毎に通院し服薬は続けている。Ｋさんは，リフレでの清掃の仕事が自分に向いているという。掃除の前と後の変化がみえやすく達成感をもてること，手を抜かず掃除することで，お客さんから「リフレのトイレはいつも綺麗ですね」と声をかけられることが何よりの励みとなり，地域の方々の反応やつながりを喜びとして働いている。
　Ｋさんは50歳で精神病を発病したとき，両親と兄が住む実家に数年間身を寄せていた。その後，両親が相次いで亡くなり，兄から「精神分裂で仕事もできず，今後どうするんや」「どこかの施設に入れたろか」と厄介者扱いされていたことから，リフレで働き半年が経過した頃に，実家を出てレオパレスに移った。実家を出ることを決意させたのは，リフレで働くことで生きることへの意欲と主体性が芽生えたこと，月10万円を超える給料と年金とを合わせ１人暮らしができる経済的条件を確保できたことが何よりも大きかった。
　Ｋさんは，営業セールスの仕事の魅力が忘れられず，無理のない８時間勤務でお客さんと話のできる営業の仕事に就きたいとの夢を抱いている。リフレかやの里Ａ型事業所は８年間に８人の利用者が一般就労していることも刺激となっている。

Kさんは発病から今日までの13年余を振り返り、自分にとって本当にいい時期にリフレの取り組みが始まったことに感謝している。「主治医が作業所利用を強く勧めていなかったら、自分はその後も入退院を繰り返していたであろう。S相談支援専門員が何度も訪問していなかったら、野田川共同作業所につながることも、リフレで働く機会も失していたであろう。リフレで働くことがなかったら、独り暮らしの今の生活の安定は到底考えられなかった」と語っている。

（7）福祉と地域と行政の連携が地域再生の力に
　リフレかやの里においては、①地域の活性化と農業振興を願い休業中のリフレかやの里の再開を求め続けた周辺地域住民の要望活動、②リフレかやの里再開を障害者雇用（福祉）と農業など地域振興（まちづくり）を一体的に位置づけた町行政のねらいと公的支援（リニューアル改修に1億5000万円を予算化）、③最低賃金を支払える障害者の就労の場（A型事業所）の実現を願う障害福祉関係者の思い、地域と行政と福祉のベクトルが一致したことが再生への足がかりとなり、この間の取り組みを支えている。

（8）職員に求められる専門性と制度課題
　障害のある人たちが暮らしやすい地域は、誰もが暮らしやすい地域といえる。障害者福祉に関わる職員は、障害者個々に合った仕事や活動や暮らしの提供を通し本人の成長を保障する専門性とともに、とりわけ地域との密接な関係をつくりやすい就労支援の場所や内容について、地域おこしの観点で取り組んでもらいたい。併せて、わが国の障害者雇用制度の現状と課題を考察し、福祉的就労における公的支援強化への転換を展望してもらいたい。

第Ⅱ部　障害者の生きる権利と社会福祉援助／第11章

"余暇"の権利と社会福祉援助

現代における障害者の"余暇"の権利

1 権利としての余暇

　障害者の生活を考えるための基本理念として定着してきたノーマライゼーションの考え方においては,「居住」「日中活動（労働など）」とともに「余暇」が重要なものとみなされてきた。例えば, ノーマライゼーションの提唱者であるデンマークのバンク-ミケルセンは,「障害者も含めてすべての人びとにとって基本的で重要な幾つかの権利」として「住む所, 職場など活動する所, 余暇時間を過ごし休息する所の3つを持つ権利」があるとし, 知的障害者が他の人と同じように「余暇時間とレクリエーションに関する権利」をもつことを確認している［花村訳・著, 1998：157-164］。また, ノーマライゼーションの考え方の発展に貢献したスウェーデンのニィリエは,「ほとんどの人は一定の場所に住み, 仕事場や学校は別の場所であり, 様々な場所で余暇活動を楽しむ」と述べ［ニィリエ, 2000：59］,「一週間のノーマルなリズム」のためには家庭・仕事・余暇という3つの異なった側面が必要であるとしている。
　また, 1993年に国連総会で採択された「障害者の機会均等化に関する基準規則」においては,「教育」「就労」「所得保障と社会保障」などと同列で「文化」や「レクリエーションとスポーツ」についての規定がなされており, ダンス・音楽・文学・演劇・造形美術・絵画・彫刻といった文化活動への障害者の参加を政府が保障すべきこと, 劇場・美術館・映画館・図書館などを障害者が利用できるようにしていくべきこと, レクリエーションやスポーツの場を障害者が利用できるように政府が責任をもつべきことなどが示されている。そして,

2006年に国連総会で採択された障害者権利条約では，第30条が「文化的な生活，レクリエーション，余暇及びスポーツへの参加」についての規定になっている。そこでは，「締約国は，障害者が他の者との平等を基礎として文化的な生活に参加する権利を認める」とされ，締約国がとるべき措置が列挙されている。

　しかし，現在の日本において，「余暇」を重視するノーマライゼーションの考え方は必ずしも実現されておらず，障害者権利条約の第30条に規定された権利は十分に確保されていない。障害者のための社会的支援をみても，「居住」や「日中活動」に関わる制度・社会資源がきわめて不十分ながらも形成されてきているのに対し，「余暇」に焦点を当てた制度・社会資源はほとんど確立されていない。豊かな余暇を過ごす権利の保障がとりわけ後回しにされている印象は否めない。障害者権利条約等に示された国際的到達点をふまえ，障害者の豊かな余暇を権利として実現していくことは，これからの重要な課題である。

2 障害のある子どもの余暇

　学校に通う障害児の余暇については，大きな役割が期待される社会資源の1つとして，小学生のための学童保育（放課後児童クラブ）がある。「学童クラブ」「児童クラブ」など，自治体・地域によって多様な呼称が用いられているが，児童福祉法に放課後児童健全育成事業として位置づけられている。放課後や学校休業日に子どもが通う場であり，子どもに遊びや生活の場を保障して発達を支援するとともに，保護者の就労を支えることを目的としている。

　厚生労働省の資料によると，全国の学童保育における障害児の受け入れ人数は，2008年に1万6564人（7477か所）であったのに対し，2018年には3万9231人（1万4149か所）となっている。10年間で人数が2倍以上に増え，登録児全体に占める障害児の割合も2.1％から3.2％へと増加している。指導員体制が概して不十分であるなか，学童保育への障害児の参加には少なくない課題があるものの，多くの障害児が学童保育に通っている。

　一方で，より多くの子どもが，障害児のための放課後等デイサービスに通っている。[★1] 放課後等デイサービスは，小学校・中学校・高等学校や特別支援学校などに就学している障害児を対象とするものである。児童福祉法においては，

「授業の終了後又は休業日に（中略）生活能力の向上のために必要な訓練，社会との交流の促進その他の便宜を供与すること」が事業の内容とされている。年齢や障害の異なる多様な子どもが通う事業所もあれば，小学生を中心とする事業所や中高生を中心とする事業所もあり，発達障害の子どもを主な対象とする事業所や重症心身障害児のための事業所などもある。活動の内容は多様であり，主に室内で活動している事業所や学習支援に特化した事業所もあれば，屋外での遊びを大切にしている事業所もある。

　2012年に放課後等デイサービスの制度が発足して以降，事業所は全国的に急増した。厚生労働省の資料によると，2012年4月に2540か所であった事業所数は，2014年4月に4595か所，2016年4月に8352か所となっている。そして，2018年4月には約1万2000か所の事業所に約19万4000人の子どもが通っている。

3 障害のある成人の余暇

　障害児の放課後・休日についての社会的支援が広がってきているのに対し，障害のある成人の余暇についての社会的支援はきわめて乏しい。障害のある成人の余暇の過ごし方は，制約されたものになりがちである。知的障害者の余暇についてみると［丸山，2016］，「テレビ・ビデオを観る」「音楽を聴く」「ゲームをする」「ごろごろしている」ことが少なくない。また，親等の家族とともに余暇を過ごすという知的障害者が多く，友人・仲間との外出が少ないという傾向もみられる。

　このような制約された余暇の過ごし方を変化させうる社会的支援として，1つには移動支援等がある。移動支援等は，単に移動のために活用されるだけではなく，趣味のための外出などにも活用されており，障害者の生活の幅を広げることに寄与している。しかし，障害者とヘルパーの2人での行動になりがちなこと，それ自体では創造的な文化的活動につながりにくいことなど，移動支援等には限界もある。

　一方で，障害のある青年・成人の集団的な余暇活動の1つに，障害者青年学級と呼ばれる取り組みがあり，主に知的障害者の余暇活動・生涯学習の場になっている。活動内容は多様だが，月に1回か2回の頻度で休日に音楽活動・スポーツ・料理・工芸・レクリエーションなどを行っていることが多い。自治

体によっては公民館事業として実施されてきている。

　もちろん，障害者青年学級のほかにも，障害者の集団的な余暇活動は多様に存在している。野球・フットサル・電動車椅子サッカーといったスポーツのチームもある。合唱団もあれば，演劇・人形劇・朗読劇などの劇団もある。ダンスサークル・書道サークル・おでかけサークルといったサークル活動もみられる。生涯学習の一環としての「学び」を重視する取り組みもある。

　ただし，障害者の余暇活動のための場や団体は，運営・活動の基盤が十分でないことも多い。すべての障害者が自らの希望する余暇活動に容易に参加できるというわけではない。障害者の豊かな余暇が権利として保障されるためには，様々な余暇活動が発展していくよう，必要な施策が公的に推進されなければならない。

　また，主に障害者が参加する余暇活動の場の拡充に加えて，障害のある人と障害のない人とがともに参加する余暇活動の充実も課題である。

4 余暇の拠点づくり

　障害者の豊かな余暇のためには，何か1種類の社会資源があるだけでは十分でなく，様々な社会資源が必要になると考えられる。その全体像を描くことは簡単ではないが，地域に存在することが望まれるものとして，少なくとも次のような3つの類型が想定できよう。

　第1は，日常的に通い余暇を過ごす場である。特定の余暇活動を行う場というよりは，日々の生活の場という側面が強いものである。ほぼ常に他者の援助を必要とするような障害者の余暇を豊かなものにしていくうえでは，このような場が不可欠であろう。障害児の放課後・休日については毎日のように通える場が強く求められてきたが，同じような場を必要とする青年・成人も少なくないはずである。

　第2は，週に1回から月に数回くらいの頻度で集まり，余暇活動を展開する場である。障害者青年学級や，音楽・工芸といった文化活動の場，スポーツの場などは，多くの場合，この種のものとして考えられるだろう。週や月の生活の節目にもなるような活動がなされる場といえる。

　第3は，非定期的に立ち寄れる「たまり場」のような場である。そこへ行け

ば仲間がいるという場所が地域にあることは魅力的ではないだろうか。障害者が働くカフェなどがそういう場の形成につながっていく可能性も考えられる。

これらの場を地域に創造していくうえでは，制度的に新しい枠組みを模索することも求められよう。デンマークでは，社会サービス法に基づき，自治体が財政的負担をする形で，障害者の余暇活動のための施設が運営されてきた［薗部，2009：82-89；同，2015：92-99］。そうした外国の例も参考にしつつ，余暇の拠点づくりを進めていくことが，今後の課題である。

5 余暇の権利を保障する社会福祉援助の専門性
(1) 余暇の重要性を認識すること

障害者の余暇のための援助を考えるうえでは，人間の生活にとっての余暇の重要性を確認しておくことが求められよう。余暇は，単なる「暇つぶし」として理解されるべきではない。豊かな余暇には，少なくとも次のような価値ある側面がある。

第1は，休息という側面である。芸術やスポーツのような積極的な余暇活動だけでなく，休息が余暇の権利のなかに位置づけられなければならない。このことは，障害者への援助のあり方を考えるうえでも重要である。

第2は，楽しさという側面である。余暇活動の根本的意義といえるかもしれない。成果や効率が重視される現在の社会にあって，楽しい時間を過ごすこと自体の価値が改めて共有される必要がある。余暇の領域に訓練的な要素を持ち込むことには慎重でなければならない。

第3は，人間発達や自己実現という側面である。豊かな余暇・余暇活動は，一時的な「気晴らし」にとどまるものではなく，自らの可能性を現実にし，生活と人生の幅を広げることに貢献するであろう。援助のなかにも人間発達という視点が含まれるべきである。

第4は，社会的なつながりの拡大という側面である。余暇は，居住の場や日中活動の場とは異なる人間関係を広げていく機会にもなる。そして，そのような人間関係の広がりは，障害者の生活・人生の質を高めうるものであろう。

また，障害者の余暇保障は，一方では家族の文化的生存権・労働権の保障という側面をもつことが少なくない。障害者が充実した余暇を過ごす場・機会を

得ることで，家族の負担が軽減されたり，家族が就労しやすくなったりする。

障害者の余暇保障は，十分な休息，文化的な生活，人間として発達につながる豊かな余暇を権利として保障することであり，ときには家族の権利保障とも結びつく，極めて重要な課題なのである。

(2) 豊かな余暇を考えること

障害者の余暇に関わる援助については，「どのように援助するのか」を考える前に，「どのようなことをめざして援助するのか」を考える必要がある。援助者が勝手に考えた「豊かな余暇」を障害者に一方的に押しつけるべきではないが，「豊かな余暇」とはどういうものであるのか，深く考えることが援助者には求められる。

それを考える際に重要な観点としては，「仲間」や「集団」が挙げられる。個人で過ごす余暇も重要であるが，仲間がいる場，仲間との活動の意義が忘れられてはならない。仲間がいることで活動の幅が広がることもあるし，仲間との関わり自体が楽しみであることも多い。また，安心できる仲間がいることは，生活全体の支えにもなる。

仲間とともに取り組む創造的活動も，「豊かな余暇」に結びつくものであろう。障害者は，文化の単なる受け手ではない，文化の創り手になりうる。例えば，東京都町田市の障害者青年学級では多くのオリジナルソングが創作され，それらを土台に「若葉とそよ風のハーモニー」というコンサートが開催されるようになった（津田・大石［2004］など）。また，岐阜県においては障害のある若者たちの劇団が組織され，「愛と性」をテーマとする演劇の公演が重ねられてきた（土岐［2011］など）。

既存の消費文化の享受を「豊かな余暇」と同一視することはできない。買い物や外食をすること，カラオケやボウリングをすること，コンサートに行くこと，テーマパークで遊ぶことばかりが「豊かな余暇」の中身なのではない。一般によくみられる商業的な余暇活動を障害者にも普及させるという発想にとどまることなく，様々な文化的活動の価値などもふまえながら「豊かな余暇」を思い描くことが求められよう。

(3) 文化的活動を援助すること

音楽・演劇・絵画・陶芸・工作・写真などの文化活動や，水泳やサッカーの

ようなスポーツは,「豊かな余暇」の1つの核になる。それらに鑑賞・観戦というかたちで関わることもあれば,障害者自身がそれらを行うという場合もあるだろう。

　このような文化的活動への障害者の参加にとって,それぞれの活動について本格的な力量をもった援助者の存在は貴重である。ギターが弾ける,太鼓ができる,サッカーが得意であるといったことは,余暇活動の援助において力になりうる。しかし,多様に展開されるはずの文化的活動に関して,1人の援助者がそれぞれについて十分な力量を身につけることは現実的でない。障害者の余暇に関わる援助者には,それぞれの活動について十分な力量をもった人と連携する力が求められることもあるだろう。

　いずれにしても,障害者の余暇に関わる援助者は,ある程度の広さや深さで,文化的活動についての理解・技能をもっていることが望ましい。そのことは,芸術やスポーツなど,狭い意味での文化的活動だけに限らない。ハイキングや外出の援助を考えても,多くの行き先を知っていることなどは有意義であるし,障害児の放課後活動においては,援助者が思いつく遊びの幅が重要になることもある。また,障害者との日常的なコミュニケーションのなかでも,相手が興味をもっていることについて多少の知識があること,話題の幅が広いことなどは,援助の質を高めることにつながるだろう。援助者自身が文化的に豊かな生活をもつなかで,自らの文化水準を高めていけることが重要である（そのためにも,援助者の文化的な生活を保障するような条件整備が求められる）。

(4) 障害者の自主性・主体性を重視すること

　障害者の余暇に関わる援助のあり方を考えるうえでは,余暇という生活領域がもつ性格・特徴を確認しておくことが必要であろう。「余暇」は「居住」や「日中活動」とは異なる生活領域として区分されるが,これは単なる時間的・空間的な区分として考えられるべきではない。障害児の「放課後保障」に関しては「第三の生活の場」といった表現が用いられてきたが,それは学校や家庭とは異なる役割を放課後・休日の活動に期待するものだったといえる。質的な面で相対的に独自な性格をもった「第三の生活領域」として余暇をとらえる視点が大切であろう。

　この視点に立つと,障害者にとっての自由度が高いことが余暇の特徴として

浮かび上がる。障害者の自主性・主体性や自己選択・自己決定は，居住の場や日中活動の場においても尊重されなければならないが，余暇の領域においてはいっそう強調されてよい。障害者青年学級の活動においても，「本人主体」が追求されるなかで，知的障害のある青年・成人が自分たちで話し合うなかで活動内容を決めていっている例がみられる。障害者の自主性・主体性を引き出し広げるような援助者の積極的役割が，余暇という生活領域の特徴に照らしても求められるのである。

1 放課後等デイサービスについては，障害のある子どもの放課後保障全国連絡会編（2017）『放課後等デイサービスハンドブック―子どもたちのゆたかな育ちのために』かもがわ出版，参照。

[参考文献]
薗部英夫（2009）『北欧　考える旅―福祉・教育・障害者・人生』全国障害者問題研究会出版部。
薗部英夫（2015）『北欧＝幸せのものさし―障害者権利条約のいきる町で』全国障害者問題研究会出版部。
津田英二・大石洋子（2004）「障害者の学びと表現活動」日本社会教育学会編『現代的人権と社会教育の価値』東洋館出版社。
土岐邦彦（2011）『ラフ・ラブ・ライブ―障害をもつ若者たちの発達と演劇』全国障害者問題研究会出版部。
ニィリエ，ベンクト／河東田博ほか訳編（2000）『ノーマライゼーションの原理―普遍化と社会変革を求めて〔増補改訂版〕』現代書館。
花村春樹訳・著（1998）『「ノーマリゼーションの父」Ｎ・Ｅ・バンク‐ミケルセン―その生涯と思想〔増補改訂版〕』ミネルヴァ書房。
丸山啓史（2016）「知的障害者の余暇をめぐる状況と論点」『障害者問題研究』第44巻第3号。

"余暇"の権利を保障する社会福祉実践
放課後活動の仲間と楽しみながら成長する成人グループ「ひかり」の活動

近藤すみ子

（1）青年学級の活動は3人で始まる

わんぱくクラブは，1987年に発足し，「障害児の放課後を豊かに」を合言葉にして活動してきた。2000年にNPO法人わんぱくクラブ育成会となり，今は放課後等デイサービスをはじめ6つの事業を運営している。

忠さんは中学3年でわんぱくクラブに入り，1992年に高等部を卒業する。卒業生は1人だけだったが，中学生の豊さん，高校生の和男さんを誘って成人の活動を始めた。最初「青年学級」という名前で，月1回の日曜日に外出をした。初めは3人だったが，少しずつ人数が増えた。1年後には，日曜日の外出に加え土曜日に調理を行った。2年後にはメンバーが7人になり，毎週木曜日の夕方に活動し，土曜日に調理を行った。この年にメンバーで話し合い，当時高3だった和男さんの発案で名前を「ひかり」とした（修学旅行で乗る予定だった新幹線「ひかり」が由来らしい）。
　1996年に，メンバー全員が社会人となる。年1回一泊旅行をやったり，キャンプに行ったり，ディスコパーティをしたり，展覧会をやったり様々な活動に取り組んだ。また活動の曜日や開所日数は，メンバーの人数やわんぱくクラブ全体の運営の都合で年によって変わった。
　わんぱくクラブの卒所生も増えていき，ひかりのメンバーは現在56人になった。専任職員（非常勤を含め）は7人。2006年度から，通年で週5日開所という形になったが，今年度から5グループになり週6日の開所になる。職員の休みの都合で月3日は平日の閉室がある。
　長い間公的な補助を求めて運動し，ようやく2014年度から日中ショートステイという形で世田谷区の補助金が出た。運営資金の全部は出ないので，厳しい状況であることに変わりはない。父母たちは世田谷区に要望を出して働きかけをし，バザーやコンサート，運営に関わる様々な活動をしながら，成人グループ「ひかり」の灯を消してはならないと奮闘している。

（2）ひかりではこんな活動をしている
　ひかりは，仕事を終えて気のおけない仲間と集う場所だ。月曜日から金曜日は，夕方，仕事が終わってから午後6時半（夕食作りの日は7時）まで活動している。土曜日は午前10時から午後3時までの活動。人数が多いので11人から13人の5グループで活動している。「20歳を祝う会」等，年数回全体の行事もやる。現在の活動場所はビルの2階で，卓球台も置けるし40人近く集まる父母会もできる。これまであちこち活動場所が変わったが，今が一番広い。2019年度からは，土曜日の外出がなくなり，一泊旅行が日帰り旅行になる。
　作業所等から帰ってきて，名前を書いたり（学校を卒業すると字を書く機会が少なくなるので活動のなかで書くことを取り入れている），シールを貼ったり，ロッカーに荷物を入れたりするのは，学童クラブのときと変わらない。ついこの間まで靴箱の前で座り込んでいた人も，社会人になると不思議なことに，皆と同じように支度をする。ひかりに入ると急に大人っぽくなることを称して「ひかりマジック」と言ったスタッフがいた。学童クラブでは一人遊びばかりしていた人も，ひかりに入ると当然のようにいろいろな遊びに参加する人が多い。まるいちゃぶ台の周りに集まって，カルタをしたり，ジェンガや黒ひげゲームをしたり，遊びを楽しめるかどうかは別にして，あの仲間の輪

のなかに入りたいと思うようだ。
　5時になるとみんな揃い，お茶の時間。おなかをすかせて帰ってくるので，腹持ちのよい手作りのおやつを用意する。麦茶もあるが，コーヒーや紅茶を用意し，飲み物を選べるようにしている。誕生会は，ケーキを作り，そのとき渡す誕生日カードには1年間の思い出がいっぱい詰まった写真が貼ってある。
　月初めの話し合いで，グループごとにカラオケや卓球等メインの活動を選ぶ。また，夕食作りのメニューや外出先もみんなで決める。集団ができると，苦手だった話し合いも楽しめるようになった。活動を仕切るリーダーを決めるが，それぞれ自分がやりたいものを選んでいる。壁にはメンバーの写真や，活動の様子を壁新聞にして掲示しているが，みんなよく見ていて，仲間が休むと，写真を指差して，いないから寂しいということをアピールする人もいる。帰りのあいさつのとき，てんかんの発作を起こして寝ていた人を心配そうに取り囲み「僕たちは帰ってもいいのか」という表情の仲間たちの姿があった。
　ひかりは何より仲間づくりを大切にしている。小さいときから学童クラブで一緒に過ごしてきた仲間に1週間に1回会えるというのは，格別の思いがあるようだ。メンバーにとってひかりは，ほっとできる所というだけではなく，仲間のなかで自分の存在が実感でき，成長できる場所になっている。だからこそ，仕事でつらいことがあっても，ひかりに来て仲間に励まされ，明日への活力にすることができているのだと思う。

（3）仲間のなかで自分を見つける

　豊さんは，「ひかり」のメンバーで，現在41歳。小学校1年生からわんぱくクラブの前身である世田谷幼稚園学童クラブに通い，わんぱくクラブができたときは4年生だった。それ以後ずっとわんぱくクラブとともに歩んできた。当時わんぱくクラブはほとんどが健常児だった。
　4年生でわんぱくクラブに移り，他に4，5年生が15人いたが，多くは水曜日と土曜日にしか集まらないので1年生4人といることが多かった。豊さんにとっては居心地のよい集団だったようだ。そのなかで，自分の感情をストレートに出すようになった。移動教室の後，わんぱくに帰ってきて，緊張を解きほぐすようにさめざめと泣いた。ハプニングもありながら1人で買い物に行けるようになったり，おやつ作りも買い物から調理まで1人でできるようになったり，少しずつできることを増やしていった。
　中学2年生のときのこと。和男さんとの出会いは豊さんに大きな影響を与えた。1つ年上の和男さんが高等部を卒業するまでの約4年間，仲良しだった。和男さんが高等部を卒業する頃，豊さんはいつの間にかわんぱくクラブのリーダー的存在でみんなの憧れの的になっていた。高3になると帰りが遅い日が多く，帰りの会の頃に来ることもあったが，小学生たちにとってはアイドルでキャーッと言って寄っていき，豊さんが走ればついて走り，豊さんが踊れば一緒に踊るという感じだった。この時期，豊さんは本当に解放されていた。おとなしくて，穏やかな人柄と思われていた豊さんが，養護学校で催

されたコンサートで，アンコールのとき立ち上がって「日本一！」を連呼していた姿は鮮烈だった。

　ひかりには中3のときから参加した。豊さんは，年齢は低くても一番長くわんぱくの活動をしているので，自然にリーダー的な立場におかれる。活動ごとにリーダーを決めてその仲間が取り仕切るようにしているので，豊さんは陰で支えながら動く。これは自分の仕事だと思っているのか，外出等で電車から降りるときなど，みんなが降りたかどうかそれとなく確認する。ひかりの仲間は，本当に心を開いて付き合えるらしく，つまらないギャグを言い合っては笑い転げている。小さな失敗も気にして「ぼく悪い？」等と言うことは減っていった。ある土曜日の外出のとき，豊さんの成長がうかがえる出来事があった。集合場所を間違えたが，自分でそれに気がつき，みんなに合流することができた。「ごめん，ごめん，間違えちゃった」と片手をあげ，にこやかにみんなに謝っている姿に，「人は突然変わる」ということを知った瞬間でもあった。

　一般就労し今年で23年目を迎える職場では，休むことなく働いている。腕時計を頻繁に見るので，早く仕事を終えて帰りたいのではないかと思われたり，休憩時間をきっちり守ることがやる気のなさととられたりすると，父親から聞いたことがある。つらいことがあっても，「ひかり」があることで支えられ，仕事を続けてこられたのではないかと思う。

　穏やかだった豊さんに，ある時期から変化が見られた。仲間に対して怒って大声を出すようになったのだ。豊さんにしてみれば，怒る理由は正当であると思うのに，周りの反応は違う。「なんか変だな？」と思っていたに違いない。スタッフになだめられ，あまり納得できないけれど，自分も悪いのかなと思ってはいたのではないか。活躍の場が少なくなっていき，気持ちのやり場に困っていたのではないかと推測しているが，本当のところはよくわからない。彼の解決策として，ひかりの活動中（自由時間）に，隣の事務室に来て，付き合いの長い山田に職場の愚痴などを言い気持ちの折り合いをつけていた。そして，夜の11時過ぎは留守電タイム。「もしもし，山田さん？　豊です。こんばんは……」に始まり，毎回同じセリフが繰り返される。豊さんの精神安定剤になっていた山田が急に退職することになり，最後の留守電に，いつものセリフを言った後，しばらく間があり，「僕は，あなたのことを忘れません」というメッセージが残されていた。その後は，荒れるのではないかと思っていた私たちの心配をよそに，いつもの笑顔を見せ淡々と過ごしている。この間父親を亡くすという試練もあったが，たくましく生きている。

（4）もっと学びたい！活躍したい！

　大人になっても，学びたい，賢くなりたいと思うのは知的障害があっても同じだ。ひかりの活動と並行して2人のスタッフが，1年間月曜活動を行ったことで，そのことを実感した。生涯学習の一環という位置づけで，お金の計算，身だしなみ，絵画，書道などに取り組んだ。いつものグループとは違うメンバーで10人程度の人数で行った。普段

の活動では退屈になると大声を出したりするメンバーが，月曜活動では別人のようだった。「勉強する！」と意欲的に取り組み，いつもは書きなぐっている字も，筆を上手に使って自分の名前をきれいに書いていた。身だしなみの学習では，自分から「爪切りができるようになりたい」と意見を出す人もいた。やっていることは些細なことでも，彼らの真剣な顔を見ていると，学ぶということはこういうことだと思わされた。普段眠っている「学びたい，知りたい」というねがいが，何かのきっかけで花開くということをこの活動で学んだ。

　ひかりのメンバーのなかには，学童クラブで仲間と一緒におやつ作りや掃除などで活躍していた人が，大人になって活躍の場がなくなり，何かやりたいけどわからなくて，こだわりが増えたり，自傷や他害になって現れたりする人もいる。とても大変になったと周りの人は言うけれど，本人はもっと自分の出番はないのかと訴えているのではないか。成人の余暇活動の場が保障されれば何とかなるという問題ではないと思うが，競うようにして夕食作りやおやつの準備をしているメンバーを見ていると，せめて余暇活動では思う存分力を出して！と思う。

（5）仲間と一緒に，同じ大人としてともに歩む

　新しい仲間やスタッフが入ると気遣いを見せるひかりのメンバー。教えられることの多い日々だった。

　ある日のこと，活動は散歩。みんな並んで待っていて，さあ歩き始めるぞ，という場面で，メンバーとスタッフのリーダー2人が反対の方向に歩き出した。「ええーっ」という声や「反対だよ」という声に気づいて走って戻ってきた2人。戻ってきたスタッフに何か言おうとした私に，皆と一緒に待っていたメンバーの敦さんが目で「何も言うな」とたしなめるように睨んだ。ハッとして，言葉を飲み込んだ。

　ひかりのスタッフに，支援するときに大切だと思っていることを聞いた。同じ大人の仲間という意識をもって付き合う。自分たちの活動は自分たちでつくっていくよう働きかけるが，そのときスタッフも一緒につくっていく仲間だということを意識する。許容の範囲を広くして，受け止め，何事にも動じない。仲間の心の奥に潜んでいる願いを見つけるには，観る力がより必要になる。困難を抱えていても，明るく元気にひかりに来て仲間と笑い合い，心癒されて帰っていく，1人ひとりの仲間たちの思いを受け止めて日々奮闘しているスタッフたちに心からにエールを送りたい。

　制度がないため，四苦八苦して運営しているが，自分たちの活動やその熱い思いを周りの人たちに伝えていくことがまず必要だと考えている。様々な形の余暇活動や生涯学習があり，様々な地域でこれから，その活動は花開いていくものと思う。

第Ⅱ部　障害者の生きる権利と社会福祉援助／第12章

社会福祉事業実践と公的責任
■人間発達に適合的な福祉供給主体像の探求

1　規制緩和と福祉供給主体の多元化

■ 福祉多元化の動向と課題

　本章の課題は，福祉の目的である人間発達に適合性をもつ福祉供給組織のあり方を検討することにある。福祉供給をめぐるわが国の動向として注目されるのは，2000年の介護保険制度の発足時に営利企業の参入規制が解除され，新たなアクターとして都市部を中心に急速に事業を拡大している点である。また，社会福祉法人や医療法人などに加えて，NPO法人や協同組合などの非営利組織も活発に事業を推進し，福祉供給主体の多元化といわれる状況が出現している。

　しかしその一方で，国・自治体による福祉供給は低下の一途をたどっており，福祉事業からの撤退の傾向が顕著になっている。公共セクターの撤退の背景には，行政役割を福祉サービス提供事業者の管理と事業の条件整備にとどめ，直接にはサービス提供責任を負わないとする認識に転換している点にある。このような行政役割の転換を英語では"enabler"と表現しているが，福祉国家の変容の過程で国家役割の変化が生まれている。しかし，全面的に民間委託が行われ，福祉供給の現場をもたない公共セクターが，民間サービス事業者の管理をしうるのか，という問題が生じていることも事実である。

　介護保険制度実施以降の福祉供給に関わる変化のもう1つの特徴は，これまで営利原則はなじまないとして非営利原則で運営されてきた福祉事業に「擬似的市場メカニズム」を形成して営利企業の進出を促し，さらに事業運営に競争原理を導入し，非営利事業者も否応なく事業者間の競争に巻き込まれることに

なったことである。

2 営利企業は福祉供給に不適合

　利潤の獲得を最大の目的とする営利企業が福祉分野に参入すると何が起きるのかを考えてみよう。イギリスは日本より一足先に福祉分野への営利企業の参入を認めたのであるが，いわゆる「クリーム・スキミング」（良いとこ取り）の発生が指摘されている。つまり，営利企業は投下した資本を効率的に回収して，利潤を獲得することに最大の目的があるのだから，儲けにつながらない低所得者は相手にせず富裕な利用者を選ぶのであり，こうした階層がある程度まとまっている地域にしか進出しないという行動様式をもっているというのである。

　要するに，規制緩和の推進論者がいうような利用者の自由な選択は機能せず，サービス提供事業者が利用者を選ぶという「逆選択」が起こっているのである。また，人々の「伸びる素質＝人格や潜在能力・残存能力」の発達という福祉の目的が，営利企業の利潤獲得の従属変数におかれることになるので，福祉供給主体としては不適合ということになる。

3 非営利組織と福祉供給

　それならば，非営利組織であれば福祉供給に適切なのかということになるが，厚生労働省の発表「介護保険事業所及び施設の指定取消事例」によれば，不正行為で介護報酬を詐取するなどして取消処分を受けた事業者のうち，多数は株式会社等の営利法人であったが，非営利法人である医療法人，社会福祉法人やNPO法人も少なからず見受けられる。

　つまり，法人格の性格が非営利でありさえすればよいのではなく，どのようなミッション（使命）を掲げて福祉実践をしているのか，さらには組織構成や運営のあり方にまで踏み込んで検討しない限り，福祉供給の適否は論じられないわけである。非営利組織＝NPOとは，"Not-for-profit, but-for-mission organization"と理解すべきであるので，"profit"（利潤）ではなく，掲げている"mission"（使命）の内容にこそ注目する必要がある。また，近年では社会的企業（ソーシャル・エンタープライズ）とかコミュニティ・ビジネスなどといわ

れ，法人格の性格を超えて，「コミュニティへの貢献」という社会的・公共的目的をミッションとする事業体が登場していることもあり，非営利法人だけが福祉供給に適合性をもつとは，にわかに断定できない状況も生まれている。

このように福祉供給主体をめぐって様々な論点があるが，次の課題は，いかなる組織が福祉の供給に適合性をもつのか，福祉サービスの特質に注目して考えてみよう。

2　福祉サービスの特質と供給主体像──提供者と利用者の共同性の視点から

そもそも福祉サービスとは何か，どんな性質をもっているのかという点について検討してみる。介護保険法や障害者総合支援法によって，福祉サービスが定型化されたパッケージ商品のように扱われているが，はたしてそれを消費（利用）することで福祉は実現するのであろうか。

この点をふまえ，福祉サービスの目的を述べるならば，それは貧困や疎外状況に陥った人々への事後的対策（後追い救済）にとどまらず，サービス利用を通して人々に備わっている「伸びる素質」を引き出すとともに，障害者等少数者を排除しないノーマルな社会としての共生社会（Inclusive Society）を実現することにあるといえよう。

福祉サービスの特徴を挙げると，それは教育や医療サービスと同様に，人間の人間に対する働きかけの1つであって，生産と消費の過程は一体化している。それゆえその過程においては，生産場面（サービスの供給）では機械や設備よりも，サービスを提供する人間労働の質が決定的な意味をもつ。

また同時に，サービスを利用する側もそれは単なる消費というよりは，提供者とともに一体化した過程への主体的参加が「よいサービス」を構成する重要なモメントになる。なぜなら，福祉サービスとは利用者にとって，人間の根源的欲求である自由と自己実現を回復すること（アマルティア・センのいうケイパビリティの発達）に目的があり，それを単純な消費とはみなせないからである。

その意味では，福祉サービスとは，提供者による一方的給付とみなすことはできず，利用者との共同作業という性格をもっている。そうであるとすれば，福祉サービスの供給は，営利企業と消費者という市場での商品の売買関係とし

てではなく，提供者と利用者の間に共同関係が成立しなければ，福祉は実現しないことになる。

そのためには，サービスの提供者も利用者も，ともに主体的に参加できるシステムを福祉供給主体の内部に組み込むことが求められることになる。このような共同関係を包摂した供給主体が確立すれば，専門家としての生産者（福祉従事者）と素人である消費者（サービス利用者）の間に横たわる「情報の非対称」（情報格差）の解消につながるばかりでなく，利用者のニーズを解決する福祉サービスを創出することが可能になると考えられるからである。

このような福祉サービスの特質をふまえ，わが国の共同作業運動とイタリアの社会的協同組合に焦点を当て，ミッション・組織構成上の特徴を中心に検討する。それらを通してこれら新たな非営利・福祉協同組織が，福祉の実現にどのような意味で適合的であるのかを検証してみたい。これら2つの非営利組織を取り上げる理由は，両者とも人間発達と共生社会の実現を使命としており，当事者を職員とともに事業運営の主体と位置づけ，地域に根ざした事業を展開することで，当事者・市民の支持を受け，短期間に急速に事業所数を増やしているなど，共通する点が多いことによる。

3 わが国の障害者福祉領域における非営利事業組織──共同作業所運動

◼ 共同作業所運動の特徴

共同作業所運動は，当初は共同作業所の設置を通して，障害の種別や程度を問わず，青年・成人期障害者の集団と労働の保障を中心課題としていた。しかし，最近では，居住の場としての共同ホームづくりや地域における自主的な活動の場を確立する取り組みなども含めて，青年・成人期にある障害者が，地域で人間らしく暮らせる総合的な権利保障の体系を創設しようとする事業へと発展しつつある。

共同作業所の出発は，1969年に名古屋市に設立された「ゆたか共同作業所」と「みのり共同作業所」（1972年）に求められる。1970年代半ば以降急速に普及し，1977年には全国組織の「共同作業所全国連絡会」（現在は「きょうされん」に改称）が結成され，80年代以降も設立の勢いは衰えず，全国各地に多くの小

規模作業所が設立され，現在その多くは，障害者自立支援法の施行（2005年）により，就労系事業所や生活介護事業所に再編成された。

ところで，共同作業所連絡会の発足10年を記念して出版された『ひろがれ共同作業所』（1987年）では，共同作業所の特徴と性格について，次の4点にまとめているので紹介する。第1に，共同作業所の取り組みは，障害者の権利保障・発達保障をめざす「事業」を基礎とした運動である点。第2に，共同作業所はその出発点から，障害の種別や程度を超えた取り組みとして障害者全体の共同と連帯を創出しており，こうした実践の基礎には，障害者の社会的不利に着目し，その解決のために共同するという視点が貫かれていること。第3には，既存の制度枠組みを前提にした施設づくりではなく，地域における障害者の現実とその要求から出発し，制度を活用し創造する取り組みであるという点。第4には，共同作業所の多くでは，障害者を「仲間」と呼ぶことに端的に示されているように，障害者間，職員と障害者の関係においても，求められる立場や役割は異なっていても大人同士の対等平等の関係を築いていることである。

いずれの指摘も，障害者「対策」の枠内に押しとどめられている雇用・福祉施策の水準を大きく超え，その抜本的な改革をめざす原理をもった実践体であることが示されている。

２ 住民の福祉観の転換

筆者は1970年代の初めに，「ゆたか共同作業所」を見学したことがある。そのときの印象は，非常に元気よく働く知的障害の青年たちの姿に圧倒されたのと，職員の話が記憶に残っている。職員の話というのは，設立当初，作業所の周りの住民たちは「障害者を働かせるとは何事だ。しんどい仕事をさせるのではなく，家にいて安楽に暮らせるようにすることが福祉ではないか」と批判したという。

そのとき働いていた障害者には，不就学が多かったようだが，青年期になって他の同年齢の人と同様に朝出勤して，みんなと一緒に働けることが嬉しくてしょうがないという様子が伝わり，彼らの姿が新鮮に映り，共感する思いが湧いてきたことを覚えている。彼らの生き生きと働く姿を見て，労働の本源的意

義というか，きわめて具体的に労働の発達的意味を見出した思いがした。また，働く障害者同士，そして職員と障害者の間にとり結ばれている関係の豊かさと優しさにも感銘を受け，共同作業所では労働とともに豊かなコミュニケーション関係を築き上げていることがよくわかった。

　地域住民もそのような障害をもつ人々の姿を目の当たりにして，共同作業所の支援者となったということであるが，ここには住民の福祉観の転換があったと考えられる。つまり，福祉とは安楽な暮らしを意味するのではなく，社会参加を通して自己実現を図ることにこそ目的があり，「ゆたか共同作業所」は，労働と対等なコミュニケーション関係の形成によって，障害がある人々の人格発達と潜在能力・残存能力の発達を促進している事実を示して，住民の福祉観の転換を導いたと評することができるのであろう。

3 民主的福祉事業体と公的責任

　「ゆたか共同作業所」に訪問したときにもう1つ聞いた話は，労働運動の関係者から「共同作業所は，結果として障害者雇用に関する公的責任を免責することにつながるから，運動としては本筋ではない」と批判を受けたというのである。つまり，共同作業所は，障害者に労働の場を提供しなければならない公的機関の責任を追及するのではなく，それを代替・代行するので，結果としては，障害者就労における公的責任を免責してしまうことになると言われたというのである。

　この問題について，筆者はその後1980年代に入って，ある無認可作業所の運営委員を引き受け，後に社会福祉法人格を取得し理事長職に就いて事業運営に関与して考えたのは，福祉における公的責任という場合，上述の批判をした労働運動の関係者たちの議論に対して，障害者の労働保障に要する経費を公的責任において果たすことは当然であるが，供給主体に関しては国・自治体による以外にも，共同作業所のような民主的な地域福祉協同を基礎にした非営利組織を含めるべきであるし，その方が福祉実現にふさわしいのではないかという点であった。そもそも福祉における公的責任とは，障害当事者の労働・生活と全面発達を保障することではないか，共同作業所での障害者や職員の働きぶりや両者の関係をみながら，単に仕事の場さえ提供すれば公的責任を果たしたとは

いえないと思うようになった。供給における公的責任の果たし方とは，このような事業体が需要に対して不足しているとき，最終的には公的機関が供給責任を果たすという意味で捉えられるべきであろう。

　要するに，公的責任という場合，財源保障も供給責任も公的機関が負うと理解するのではなく，要する費用の公的保障は当然であるが，後者については，利用者の発達と社会的自立を使命とする非営利組織が担うと理解すべきではないか，ということである。次節で紹介するイタリアの社会的協同組合に典型的にみられるように，1990年代以降，ヨーロッパ諸国やカナダ，最近では韓国などでケアの協同組合が法的にも承認されているが，そこでも同様の認識が示されている。

4 「レディメイド」から「オーダーメイド」型福祉行政への転換を示唆

　共同作業所の運営に従事してみえてきたもう１つの問題は，福祉行政の根本的欠陥である。現行の福祉行政の仕組みは，障害をもつ人々の活動能力やニーズの多様な側面を部分的に切り取って捉えられた「個々のニーズ」に，あらかじめ一面的に設計されたサービスを提供しようとする「レディメイド」方式といえる。したがって，障害者の体型に合ったサービスがなければ，どんなにニーズがあってもサービスは提供されず放置されるのである。つまり，「制度が障害者を選ぶ」仕組みになっているといえよう。

　こうした方式の根本的な問題は，分断されたニードへの部分的対応をいくら積み上げたとしても，生活の総合性に見合ったニーズの充足にはつながらず，障害者の潜在能力や残存能力の発達という福祉目的を達成できないのである。共同作業所運動には，「既存の制度枠組みを前提にせず，障害者の要求に基づいて制度を活用し，創造する」という原則があるが，こうした事業運営の原則は，障害者の体型（要求）に応じて福祉サービスを創造する「オーダーメイド」方式ということができるであろう。福祉制度の設計と運営においても，「レディメイド」から「オーダーメイド」方式への転換が求められているというべきであろう。[★1]

　福祉行政のレベルでこの点を強く打ち出している事例としては，イタリアのロンバルディア州の州法「社会福祉新法」（1986年）に見出すことができる。同

法はこれまでの福祉行政における「後追い救済主義」の弊害を自己批判して，福祉の目的は市民の人格発達の保障にあり，その実現を阻害している社会構造を当事者が市民とともに見抜き，闘うことを援助することにあるとしているのは注目に値する。^{★2}

4 イタリア社会的協同組合の成立と発展

　上述した福祉サービスの特質をよりよく発揮していくためのミッションと組織構成をもっているのは，イタリアの社会的協同組合である。この点を検討する前に，社会的協同組合法が成立するまでの背景を簡単に振り返っておこう。

■1 イタリア福祉国家と社会的協同組合

　イタリアの福祉国家としての歴史は浅く，1950年代後半から始まり，70年代に整備が進んだといえるが，福祉供給の考え方は基本的には公共セクターが提供し，伝統的な非営利組織であるカトリック教会勢力が補完するという二元的構造にあった。しかし，80年代に入ると財政困難に直面し，「福祉国家の危機」といわれる事態が進行する。その過程で社会サービス分野（福祉と雇用）においては分権化と民営化が促進され，サービス供給の担い手として期待されたのが非営利組織，特に協同組合であった。

　イタリアにおける協同組合運動は労働運動との密接な関わりのなかで，18世紀中葉に起源が始まっているように長い歴史をもち，共和国憲法において協同組合の社会的役割と振興が謳われており，生協，農協はもとより小売商協同組合，労働者（生産）協同組合，住宅協同組合，文化協同組合など，世界で最も多種多様な協同組合が発達した国である。社会サービス分野についても1970年代後半以降「社会的連帯協同組合」と命名された，社会サービスを提供する「新しい協同組合」が登場し，80年代には各州の法律で「社会的協同組合」が法制化されるなど大きな伸張を示した。その理由は，政府による民営化政策の受け皿として位置づけられた側面もあるが，発展の内的要因は，地域連帯の強い志向をもち，当事者・市民の主体的参加によって成り立つニュータイプの協同組合を地域住民が支持した結果ということができる。

第12章　社会福祉事業実践と公的責任　157

2 社会的協同組合の特徴

 このような経過を経て,社会的協同組合は1991年に「社会的協同組合法」(法律381号)として法制化されたのである。また,あわせて注目されるのは同年,ボランティア活動団体に法的根拠を付与する「ボランティア枠組法」(法律266号)が成立したことである。福祉供給における〈国家と教会〉という伝統的二元論を脱して,新たに台頭してきた市民による自発的な非営利活動・事業組織に対して国家が法的承認を行い,公的財源から一定の援助を受けられ,財政上の優遇措置も付与されることになった。

 社会的協同組合数の初期の推移を表12-1に示したが,法制化して2年目の1993年と2000年の比較からまず読み取れる点は,7年間で4.7倍というように,爆発的といえるほどの量的拡大である。

 また,社会的協同組合には基本的に2タイプがあり,それらが占める割合は表12-1のとおりである。A型は,社会的排除者へ社会(福祉)・保健・教育サービスを提供する協同組合であり,全体に占める割合は57.9%(2000年)である。B型は,労働市場において不利な立場にある人々(社会的排除者)に合わせた就労のための協同組合で,社会的排除者が当該協同組合の労働者のうち3割以上占めることが要件となっており,社会保険料負担の免除,税の減免,官公需の優先措置があり,全体の36.7%(2000年)を占めている。なお,A型B型とも,ボランティアの加入を組合員の半数を限度に認めているのが特徴である。

 社会的協同組合の規模については全体の6割は9〜30人程度と,地域密着型のスモールサイズということができ,事業内容は社会的支援を要する未成年,麻薬や薬物等の依存者,障害者,高齢者,半自由囚などに対する在宅サービスやデイサービス,住居の提供や就労援助が多くを占めている。

表12-1 社会的協同組合数の推移

1993年				2000年			
A型	B型	混合	総数	A型	B型	混合	総数
804	517	158	1479	4026	2549	377	6952
54.4%	35.0%	10.7%	100.0%	57.9%	36.7%	5.4%	100.0%

5　イタリア社会的協同組合のミッションと組織構成上の特徴

　以下では，イタリアの社会的協同組合の特徴について述べることにより，わが国の福祉供給のあり方を検討する上での素材としたい。[★3]

　第1に，ミッション（使命）に関して，「社会的協同組合法」第1条では「人間発達と市民の社会的統合というコミュニティの公共的利益を追求することを目的とする」とある。この条文では，従来「共益」組織とみなされていた協同組合が，「コミュニティの公共的利益」すなわち「公益」を追求する組織に転換したことを告げているし，また，これまでの福祉行政が「後追い救済主義」に陥っていたことの自己批判を込めて，公益の内容として「人間発達と市民の社会的統合（＝ノーマライゼーション）」を掲げている点が注目される。つまり，福祉の目的は財やサービスの給付で完了するのではなく，それらの給付を通して人々の潜在能力や残存能力の発達を促し，地域社会にノーマライゼーションを実現することにおかれていることである。

　第2に，社会的協同組合の組合員構成については，A型はワーカーとボランティア，B型はこれに利用者が加わるなど，複合的な組合員による協同組合に転換している点である。従来の協同組合はそのほとんどが，消費者・農業者など単一の利害関係者によって組織されているという意味でシングル・ステークホルダー協同組合であったのが，マルチ・ステークホルダー（複合）協同組合へと転換し，利用者もワーカーとともに協同組合の運営に参加できる，「自己決定と参加」を可能とする組織構成となっている。

　また，先に検討したように，福祉サービスがワーカーによる一方的な給付ではなく，利用者との共同作業という性格をもつことからみれば，利用者を包摂する組織構成である点（B型）は，福祉サービスの供給にあたって適合性をもっているといえよう。

　第3は，社会的協同組合と公共セクターとの関連について，サービス供給に要する費用に関しては，基本的には公的な給付が行われている点である。新たな供給主体として登場した社会的協同組合に対しても，地域保健機構を通してサービス費用の公的保障が行われている。つまり，供給の多元化は生じている

が，財源保障の多元化は起きてはいないということである。

　第4は，社会的協同組合による活動や事業が，地域の形成（再生）にきわめて有効な方法といえる点である。小地域を単位に組織されている社会的協同組合は，事業の展開過程で地域社会の人々の関係を再編し，住民の間に社会連帯の機運を高めることを使命に掲げているが，この視点は福祉を通して地域再生を課題としているわが国にとっても有効と考えられる。

1　共同作業所運動の評価については，次の文献を参照のこと。鈴木勉（1998）「ノーマライゼーション思想と共同作業所運動」鈴木勉・上掛利博・田辺準也・鈴木清覚編著『生協と共同作業所　協同の仕事おこしで福祉を拓く』かもがわ出版。
2　詳しくは，ピーノ・三木（1990）「ロンバルディア州の社会福祉新法」福田静夫・宮田和明編『社会福祉の人間的原理―現代福祉を哲学する』文理閣，および鈴木勉（1994）「公的扶助の意義」河合幸尾編著『「豊かさのなかの貧困」と公的扶助』法律文化社，を参照のこと。
3　イタリアの社会的協同組合に関する実証的研究書として次の労作がある。田中夏子（2004）『イタリア社会的経済の地域展開』日本経済評論社。また，社会的協同組合の活動事例が多数紹介されている小磯明（2015）『イタリアの社会的協同組合』同時代社，も参照のこと。

第Ⅲ部

障害者・家族の生活問題と社会福祉援助の専門性

第Ⅲ部 障害者・家族の生活問題と社会福祉援助の専門性／第13章

障害者・家族のライフサイクルと社会的支援

1 はじめに：障害者と家族の位置関係をめぐる議論

　障害者のケアや生活問題，あるいは自立を考えるとき，家族を切り離して考えることはできない。しかし，障害者と家族の関係は非常に論争的なテーマとして，これまで取り扱われてきた。

　障害者と家族の関係性をめぐる1つの見方としては，家族を障害者の同心円上に位置づけるものがある。例えば上田［2005］は，「本人が病気になる・障害を持つ・あるいは介護が必要な状態になるということが，家族など身近な人々に及ぼす悪影響」について，「第三者の障害」として看過できないとしている。障害者と家族の関係性をめぐるもう1つの見方は，障害当事者による自立生活運動のなかで「脱家族」と主張されてきたことに象徴されるように，障害者を家族からは独立的な存在として位置づけるものである。例えば障害者の権利条約における家族条項の検討において，障害者本人の意思決定への家族の参加（代弁者としての役割）については，日本のNGO団体が「現実の障害者と家族の関係において，利害関係者である家族の側にパターナリズムが根強くあるため，本人の自己決定を抑圧する場合が少なくない」として反対意見を表明するなど，「障害をもつ人を人権の主体としてとらえる障害者観」を貫くうえで，家族は時に障害者の主体性を脅かす存在としても捉えられる［土屋，2010］。

　理念的には，脱家族ということで，特に成人期の障害者を家族から独立的存在として位置づけることに異論はない。しかし，現実的には，本章で学ぶように，現在の制度に規定される形で，障害者およびその家族の生活が営まれ，一体的な関係性が取り結ばれることによって，様々な生活問題が生じていること

を理解する必要がある。

　本章では，まず障害者の誕生以降，障害者およびその家族に生活問題が生じる社会的背景について説明をする。そして，家族のライフサイクルの各時期にどのような課題に家族が対応しなければならないのか，その問題の発生の要因ともなり，また対応するための社会資源ともなる制度や社会福祉サービスがどのような状況にあるのかを確認する。本章で論じる内容については主に，出生後，生涯にわたり他者からのケアを必要とする重度の知的障害者を対象として想定したものである。

2　障害者・家族の生活問題を引き起こす社会的背景

　現代の日本において，障害者とその家族には固有の生活問題を引き起こす社会的背景がある。それらは高齢者介護や子育てにも通底するものであるが，障害者家族の場合は，基本的に子どもの誕生以降，生涯にわたってそれが生じているという点で，より問題が複雑化および深刻化するといえよう。それらの社会的背景は，以下の4点に整理できよう。

① 　生計費に占める賃金依存率の高いこと

　第1に，日本における生計費に占める賃金依存率が高く，社会保障が不十分であることが挙げられる。[★1]これまでの日本社会においては，多くの家族の生活は，戦後の日本型雇用，すなわち1人の男性労働者が専業主婦と子どもを養うための終身雇用，賃金構造，企業による福利厚生によって支えられてきた。すなわち，「男性労働者が稼ぐ賃金に過度に依存した所得構造」によって家族全体の生活が維持されてきた。そのため，他の福祉国家と比べ，手当や年金などの社会保障制度が不十分であり，年齢に応じて上昇する教育費用を含む生活費，および失業や疾病などの不測の事態への備えを，年功序列賃金によってカバーしてきたのである。それゆえ労働者は，「企業社会の競争を勝ち抜くこと」が求められ，そのことが「企業への労働者の従属を補強し，長時間労働などの弊害をもたら」したのである。

② 　日本型雇用の崩れが生じていること

　第2に，近年，特に2000年以降，前述の男性労働者の終身雇用と家族扶養を

前提とした日本型雇用の崩れとも呼べる状況が生まれてきたことである。若年層を中心とした非正規雇用の増大だけではなく，激しい労働者間競争は，「正規労働者層を巻き込んだ形での処遇低下をもたらすことにな」り，男性正規労働者においても「家族を扶養する余地の小さい所得水準」の低所得層が広がっているのである［簔輪，2017］[★2]。その結果，家族の生活の維持が男性労働者1人の賃金では困難となり，家計の維持のため，すなわち「家族の多就業化」が進んできており，低年齢児をもつ女性にまで労働力化が及んでいる。

　以上のことから，現代社会においては，生活の維持のため，女性の稼得は必須であり，それは障害者を含む世帯においても例外ではない。手当や年金などでは，ケアにかかる費用やきょうだいの学費など，社会的に必要とされる生活を維持できず，家族は総力戦で労働市場に参入し，賃金を稼ぐことを求められるのであり，それが困難な場合，生活問題が生じるリスクが高まる。

③　ケアが市場化されていること

　第3に，障害者の日常的な社会的支援が市場化されていることである。2003年の支援費制度の施行以降，障害福祉領域にも営利企業を含む，多様な供給主体が参入し，福祉サービスを提供するようになった。その結果，独立行政法人福祉医療機構が運営するWAM NETにおいて，例えば，京都市で障害者を対象とする居宅介護事業所を検索したところ223件が該当した[★3]。事業者と利用者の直接契約に基づく福祉サービスの提供と利用という現行制度の下では，意思表示の難しい者は不利な位置におかれ，濃密なケアが必要な障害者は，事業所からは敬遠されがちになる。また，地域に混在する多様な事業所のなかから，どこが最適なケアを提供してくれるのかということを判断しなければならないという意味では，賢い消費者であることも求められる。その他，制度によって支援内容や範囲が限定されているので，それを超えた支援は，原則，全額自己負担しなければならない。

　このように消費者としての判断能力や，所得力によって生活に必要な支援の入手の可否が規定されるような現状の制度においては，それらがもてない場合には，家族がケアを担う以外の選択肢は狭まることになる。

④　障害者のケアにおける家族規範が強いこと

　障害のある子どものケアは家族，特に母親が担うべきであるという規範は，

近代家族における愛情規範とも結びつく形で，非常に根強い。母親たちは，家庭の内外で，ケアの第一義的責任を担うべきというプレッシャーを感じている。そして，時には障害のある子どもや家族を支える役割であるべき専門職からも「ケアに専念すべきである」というメッセージを受け取ることがあったり、そもそも制度設計において家族の生活支援という視点がないということによって、家族自身がケア規範を内面化していくこととなる。その結果，母親たちは，「介助者」であり，リハビリや医療的ケアを担う「準専門家」であり，子どもの生活や福祉サービスの「コーディネーター」であり，日常的な生活場面で、あるいは社会に向けて障害者の権利を拡大していく「代弁者」でありと，いわゆる親としての役割を超えた多様な役割を担わざるをえない。

このように障害者をケアする家族は，社会の情勢に対応すべく，変化を求められる家族のあり方からは取り残されがちになる。その結果，ライフサイクル上生じる様々な生活問題に対するリスクに対して脆弱性を有することなる。

3 障害者・家族のライフサイクルの特徴と生活問題

前述したような社会背景に規定され，障害者および家族には一般の家族とは異なる固有のライフサイクルの特徴が生じる。その結果，生じる生活問題については，以下の4点に整理できよう。

① 長期化する子育て

第1に，子育て期が長期にわたるということである。通常の場合であれば，子どもの誕生以降，濃密なケアが必要とされる乳幼児期を経て，学齢期，青年期，成人期と子どもたちは少しずつ，家族の外側に自分の生活世界を広げ，それと同時に親が関わる場面は減少していく。そして，進学や就職，結婚などのライフイベントを節目に，定位家族からの自立を果たしていくことで，いわゆる子育てはひと段落し，それまでとは異なる親子関係へと移行する。

一方で，子どもに障害がある場合，乳幼児期以降，送迎や通院，様々な場面での付き添い，緊急時の対応など一貫して変わらないケアが親に求められる。また，療育施設，学校，作業所と子どもが過ごす場所についても，それぞれ開始・終了時間がほぼ同一であることから，親が子どもと関わらなければならな

い時間の長さも幼少期から成人期まで不変である。

　このように子育てが長期化する背景には，障害に配慮しない社会の仕組み，すなわち障害のない子どもの子育てを想定した制度設計がなされていることで，それへの対応が困難な障害児の場合は，制度の狭間に落ちてしまうこととなる。それは，多くの家庭にとっては，母親の就労と子育ての両立が危機に直面する時期をさして「小1プロブレム」と表現されるが，障害児の場合，その後の地域の学童保育を多くの子どもが利用しなくなる「小4プロブレム」，制度の対象外となる「小6プロブレム」，2012年に学齢期の障害児が利用できる放課後等デイサービスが創設されて以降は「18歳プロブレム」という問題が生じている。このように障害に配慮しない制度のありようによって，障害者家族には繰り返し危機がもたらされることとなる。

② 生涯に渡り貧困リスクが高いこと

　第2に，障害者家族は，子どもの誕生以降，生涯にわたり，貧困リスクが高い社会的集団であることが挙げられる。それは，障害者自身の低所得に加え，家計がシングルインカムによって支えられていることによるものである。障害者のケア役割を社会的に期待されることによって，障害者の母親の就労は長期的に制約を受ける。シングルインカムであることは，多就業化が求められている現代において，家族の貧困リスクを最も高める要因となる。稼働期の低所得は，そのまま年金等に反映されるため，家族の高齢期は一層貧困に直面するリスクが高まる。

③ 親子双方の自立が困難となること

　第3に，障害者本人を含む世帯の収入源が親の稼働期と高齢期で逆転することである。親が稼働期にあるときは，障害者本人の収入を上回る支出については，親が負担することができる。しかし，親が高齢期になり，前述のように貧困状況にあるなかでは，障害基礎年金を含む障害者本人の所得は世帯に不可欠な収入源となりうる。このように生涯を通じて，障害者本人と親の生計費が不可分ななかで，家族のライフサイクルが進行するため，成人期になり親子の生活を分離したくても，家計が分離できないという事態に陥ることもままある。

　また，家族との同居からグループホームや入所施設に生活の場を移行させた後も，障害者の所得では生計費を賄えず，親による仕送りや現物での差し入れ

という形での経済的支援が継続する場合も少なくない。障害者と家族の生活の場の分離，イコール家計の分離とはなっておらず，双方にとっての自立の自立の契機とはなりえてはいない。

④　障害者本人に先駆けて，家族の生活の縮小が生じること

　障害者のケアを最優先とした生活を送らざるをえない障害者家族においては，障害者よりも先に親に貧困が経験されがちである。親たちは，自分の趣味や交友関係などをもつことをあきらめ，場合によっては，家族での外出や旅行，家具や家電の購入なども断念しながらも，本人およびきょうだいの生活を維持しようと努めている。親が70代，80代と高齢期であっても，本人は30代，40代とまだまだ生活世界を広げる時期にあるので，成人期にふさわしい生活経験を保障するため，あるいは家族のケア力の低下を補うために利用をしたガイドヘルパーなどを経済的理由によって取りやめるというのは親子双方にとって難しい。その結果，障害者の生活に先駆けて，親の生活を縮小せざるをえず，子どもの生活は最大限維持するよう努められる。

　1970年代のすべての障害児への義務教育の保障以降，暮らしの場，余暇，近年では生涯教育や芸術など障害者を支える社会資源は着実に拡大しているが，それを支える経済的基盤となる障害基礎年金や手当などの所得保障制度は変わらないままである。つまり，拡大してきた障害者の生活の拡大を支えているのは，親の経済力であるといえよう。

　一方で，女性の就業率の増加，結婚・出産等を含むライフスタイルの多様化にともない，ケア役割を担うことを求められる障害者の母親たちと同世代の女性たちの生き方の乖離は大きくなっている。現代の日本社会において，"障害者家族"というのは，固有の生活スタイルと高い貧困リスクを抱えた社会的支援を必要とする存在であるといえよう。

4　障害者・家族のライフサイクルにおける生活課題と支援ニーズ

　本節では，障害児が生まれて以降，具体的にどのような生活課題が生じるのかについて考察する。ライフサイクルの各時期における具体的な生活課題については表13-1に示したとおりである。以下，それぞれの時期に具体的に，ど

表13-1 障害児誕生以降のライフサイクルと生活課題

ライフサイクル	生 活 課 題
乳幼児期 (出生～2歳頃)	・障害が明らかになるまでの不安 ・障害告知に際してのセカンドオピニオンを求めての専門機関巡り ・障害告知後に医療・訓練等の専門機関のコーディネート ・障害受容をめぐる葛藤 ・親自身の職業継続等に関する決断
就学前期 (3～5歳)	・ケアの長期化に対する心理的葛藤 ・きょうだい間のバランス調整。障害児が長子の場合の次子出産への不安 ・訓練・療育等の機会の確保 ・就学先をめぐる判断・調整
学齢期 (6～18歳頃)	・学校教育プログラムの調整 ・周囲の子どもや保護者に対する理解促進 ・きょうだいへの対応 ・障害児のアイデンティティに関する問題 ・障害児の性への対応 ・障害児の身体が大きくなることでのケア上の負担 ・高等部卒業後の進路に関する調整・判断
青年期 (19～30歳頃)	・自立をめぐる障害者自身の葛藤 ・親のレスパイトの必要性 ・障害者の自立に向けての準備 ・結婚(障害者本人・きょうだい)に関する問題
成人期・高齢期 (30歳以降)	・親の高齢化に伴う社会的対応の必要性 ・障害者の生活の場をめぐっての調整・判断 ・後見人等の調整・対応 ・障害者本人の加齢現象・二次障害等への対応

出典：[渡辺, 1997]、[全国障害者とともに歩む兄弟姉妹の会編, 2006] を参考に筆者作成。

のような生活問題に直面するのか、そのことに対応する社会的支援の課題について述べていく。

1 乳幼児期

　この時期は、障害児の誕生あるいは障害の発見を契機に、親にとってはそれまでの生活設計の見直しを迫られるというように、場合によってはライフサイクルを通じて最も葛藤が大きくなる時期である。

　また、出生後すぐには障害とは特定されない知的障害や自閉症などの場合は、子どもの様子が通常とは異なる成長過程であることに、障害が明確になるまでの不安な時期を過ごす。発達の遅れや異常は、多くは乳幼児健診で発見されることとなる。母子保健法に基づいて行われる乳幼児健診は、2016年度の受

診率が，「3-5ヶ月児」で95.6％，「6-8ヶ月」で83.2％，「9-12ヶ月」で83.7％と高くなっている［厚生労働省，2018：3］。また多くの自治体では，受診率の向上に向けて，様々な工夫に取り組むようになっており，その成果が表れている地域も多い。しかし，そこで，子どもの遅れや異常が発見されても，あるいは親が子どもの発達に対する不安などを吐露しても，その後の正式な障害の診断や療育等の支援につながるまでには長い時間を要する場合も少なくない。その背景としては，各自治体における乳幼児期をフォローする保健師や障害診断をする専門機関，療育資源などの量的不足がある。親にとっては，発達の遅れ等を指摘され，不安な思いを抱えていても支援につながらないことで育児不安が増大することにもなりかねない。

　障害告知を受けた後にも，親はその事実の認知をめぐり葛藤する。子どもの障害を否定したい気持ちや将来の回復の見込みなど，より希望的な診断を求めて複数の医療機関巡りをする親も多くいる。障害に関する専門機関は，地域による偏在化がみられ，場合によっては高額の交通費や宿泊などに伴う費用をかけて通うこともある。また小児の医療費助成制度の状況も自治体によって様々であり，地域格差も大きく症状によっては対象外となることもままある。

　そして，障害告知の方法やその後のフォローのありようによっては，親を心理的に追い詰めたり，夫婦間の亀裂を生じさせたりという結果にもなることもありうる。母親だけではなく，父親やきょうだい，祖父母等も含む子育てネットワークを構成する者たちに障害やケアについての適切な情報が提供されることで，母親だけが障害児の対応を抱え込まず，子育てにおける協働関係を築けるような仕組みが必要である。

　障害の診断後は，治療や訓練等に必要な医療・保健サービス，あるいは療育・保育施設等の情報を集め子どもの状態に応じた適切な環境をコーディネートする必要がある。現状では，親が様々なネットワークを駆使して，情報を集め，子どもに適当と思われる社会資源を調整していくほかないが，親自身も子育てのスタート時点であるからこそ，子どもや家族に伴走者として寄り添う専門職の配置が強く求められる時期である。

　以上のような子どもの環境整備と同時に，この時期，親は自分自身のライフスタイルをめぐる葛藤と直面する。それが端的に表れるのは，母親の就労継続

をめぐって,出産・育児休暇明けに復職するか否かの判断を迫られる場面である。現在の育児休業制度は,最長で子どもの誕生後,2年間の取得ができる。また,介護休業は,対象家族1人につき3回まで,合計93日と定められている。これらの制度は,体調が不安定な子どもの看病や,リハビリや母子入院,療育・保育場面での付き添いなどが求められる障害のある子どものケアは想定していない。前述したように,現代の乳幼児を抱える労働者世代の多くは母親の稼得を家計を支えるうえでも必要とし,また母親のライフチャンスという観点から考えたときにもキャリア形成を断念するということは大きな葛藤をもたらす。親は自分の仕事か子どものケアかという非常に難しい二者択一的な選択を迫られている。

　乳幼児期は一般の子育てにおいても育児不安や虐待のリスクが高まる時期であり,この時期にどのような親子関係を築くか,子育てに対する親自身の姿勢をどのようにもつか,さらには子育てと就労等を含めた親の生活をどのように両立させるのかということが,それ以降の家族生活や親子関係のありように及ぼす影響は大きい。そういう時期だからこそ,親自身が納得して,子育てや自分の人生に見通しをもつことができるような手厚い社会的支援が必要である。

2 就学前期

　この時期は,ケアが長期化してくることが現実のものとして実感され始める時期であり,数年続いたケア中心の生活の疲労が表面化する時期である。就学前の療育施設では,母子通園という形態をとっているところも多く,その他,通院や訓練等の付き添い等もあり,24時間母子が離れられないという状況もままある。しかし,この時期に親の休息という観点から,障害児が利用できる福祉サービスはほとんどない。

　また,本章の実践報告でも描かれているように,昨今の就学前の子どもの療育を担う社会資源は多様である。ソーシャルスキルトレーニングを目的としたもの,特定の療法をほどこすもの,将来の就労に向けた訓練を行うもの,そして学習やスイミングなどの習い事の要素を盛り込んだものなどが地域には混在している。なかには高額な費用がかかる施設も有り,そのなかから家族は時間的・経済的に可能な範囲で選択することを求められる。

その後は小学校入学に向けて，就学先の選択を迫られる時期でもあり，地域の小学校の普通学級か特別支援学級か，あるいは特別支援学校かの選択を行わなければならない。選択に際しては，心理や教育の専門家による参考意見や，教育員会による判断などもあるが，最終的には親の判断に委ねられる場合が多い。

　きょうだいがいる場合には，母親は障害児を中心とした生活を送りながら，同様に幼いきょうだいの預け先や心理的なフォローをしていくことが求められる。母子通園という形態をとる療育施設では，母親の妊娠・出産に対する対応も様々で，保護者の付き添いなしでの子どもの療育の実施の可否や，期間も異なる。母親には，新生児のケアと障害児の療育の両立を求められ，祖父母やヘルパーなどを含めたやりくりを出産前後に講じなければならないという負担が生じる。また，障害児が長子の場合，第2子以降の妊娠・出産への不安に対して，家族計画への専門的助言や心理的ケアなども必要とされるところである。

3 学齢期

　この時期は，学校生活において子どもに適切な教育環境を整えることが求められる。教育方針や関わり方をめぐって，学校や担任の教師と親の間にズレが生じることもあり，その場合は調整が必要となる。さらに，教育委員会の判断とは異なる学校選択をした場合，例えば，教育委員会は特別支援学校が適切と判断したにもかかわらず，親が地域の小学校に行かせることを希望した場合には，校内でのケアや行事等への付き添いを求められることもある。また周囲の子どもや保護者，あるいはきょうだいに対して，障害への理解を促すことが求められ，障害児ときょうだいの学校行事への参加に際して調整が必要な場合がある。

　また多くの地域では，特別支援学校は不足しており，過密化や通学の長時間化が課題となっている。さらに盲・ろう学校は1か所しかない府県も多く，遠方から通学する子どもたちの負担が大きくなっている。それに加え，近年は都市部を中心に特別支援学校に併設されていた寄宿舎が閉鎖される動きが散見される。寄宿舎は，「世話と賄いから教育へ」ということで，「子どもたちの生活を教育的に組織して指導援助する」という役割をもっている［大泉，2005］。子

どもにとっては，家族から離れて集団のなかで生活技術を獲得し，自立に向かう萌芽を育てるという意味において重要な役割を果たしており，家族にとっては就労保障や子どもとの適切な関係性の維持という点でも重要である。それをなくしてしまうことで，家族の関係性に摩擦が生じたり，親が就労困難になり貧困に陥るというケースも少なくない。

　また学齢期は，通常のライフサイクルで考えると，子どもは徐々に親から離れた活動（低学年では学童保育，高学年以降では部活動や習い事等）を展開する時期であり，そのことによって心身ともに飛躍的に成長する。障害児の場合，学童保育や部活動への参加が他の子どもと同様に整備されているとはいえない現状にある。そのため，それらの活動に参加できるよう調整したり，ガイドヘルパーや放課後等デイサービスなどの福祉サービスも必要に応じて利用していくことになるが，その際も単にサービスを組み合わせるだけではなく，子どもの発達保障と家族の生活保障の両立を図ることが重要となる。

　学齢期は，双方の自立に向けて親子が別々に時間を過ごす第一段階であり，この時期にどれだけ豊かな経験を積み重ねるかということが，その後の親子の自立等に大きな影響を及ぼすと考えられる。

　その後に続く思春期は，一般的にも子どもの自我が顕著に表れ，大人や社会に対する反抗的意識が芽生え，自らのアイデンティティに悩む時期である。障害児のなかには，自らの障害や周囲との違いに気づき，その受容に葛藤する者もいる。また，第二次性徴を迎えるなかで自分の身体の変化に戸惑いながら，家族からの介助を受けることに抵抗を感じるようになる者もいる。思春期を乗り超え，どのように心身ともに豊かな成長を遂げるべきか，親も子もそれぞれに葛藤を抱える。子どもの生活圏を，家族が関わっていた領域から徐々に社会的な関係へと移行させていくことも必要である。

　また，親にとっては，子どもの身体が急速に成長するなかで，身体的な介助負担が増大する時期でもある。子どもが，体格的にも親を超える場合もあり，親による入浴や排せつなどの身体的介助や，行動の制止などが困難になる場合もある。しかし，現実的には，ショートステイやデイサービスなど家族の介護負担の軽減を図るための社会資源は不足している。

　また，高等部（場合によっては中学部）では，今後の進路や就職先をめぐり判

断を迫られることになる。一般的に特別支援学校の高等部や職業訓練校では，様々な実習を通して，自らの適性と関心に合致する進路を選択していく。しかし，一部の，特別支援学校での教育課程が就職のための職業教育に偏重しており，いわゆる学習権の保障が課題となっている。そのため，最近では，学校教育における矛盾の解決と，一般的にも高等教育機関への進学率が上昇してきたことを受け，障害児にも18歳以降の教育をという運動の成果によって，障害者総合支援法の自立訓練事業を活用したいわゆる「学ぶ作業所」が全国に広がってきている。今後は，さらに生涯教育という観点からの教育保障も考えられるべきである。

4 青年期

　学齢期を過ぎた青年期といえば，一般的にも親からの自立を試みる時期であり，それは障害者にとっても同様である。仕事や友人などの社会的関係のなかに自らを位置づけ，そのなかで客観視する視点をもち，親からの自立を図る。しかし，その過程では自分自身の心理的葛藤を抱え，それがいわゆる社会的問題行動として表れることも少なくない。通常の場合であれば，それは親と心理的にも時間的にも距離をおく一方で，自分自身の社会的関係を築くことで整理されていく。しかし，生活の大部分を家族によるケアに頼らざるをえない現状においては，家族との適切な距離がとれないなかで親子間に生じる葛藤が大きくなることもある。

　障害者が家族とは離れた暮らしを築く場合，入所施設やグループホーム，あるいはアパートなどへ住まいを移すことが一般的である。そこでの暮らしに向けた準備のために，自立訓練やショートステイなどで試行的な自立生活を試みることも多い。本人が望むタイミングで，暮らしの場の移行やその準備ができるように，これらの社会的資源を整備することが課題である。

　一方で，子どもが独立するためには親の側の準備も必要である。暮らしの場を移行することは，乳幼児期から一貫して，ケア役割を担い続けた親にとっては，アイデンティティ・クライシスともなりうる。一般的にも，子どもが独立した後のエンプティ・ネスト期にある親は喪失感を抱きやすく，自らの生活の再構築に時間を要する。通常以上の親役割を社会的に強制されてきた障害者の

親に対するフォローは不可欠である。

　また，本人あるいはきょうだいの恋愛・結婚に際しての問題が生じる場合もある。本人やきょうだいの結婚に関しては，社会的偏見が依然として残っており，それへの対応や，家族・親族内で意見の不一致等が生じた際の調整も必要となる。

5 成人期・高齢期

　この時期は，障害のある子どもと親の高齢化による，いわゆる「老障介護」にともなう様々な生活問題が出現する時期である。

　親は自分がこれまで果たしてきたケア役割を家族・親族内外にどのように移行していくのかを差し迫って検討しなければならない。親のなかには，いわゆる「親亡き後」にきょうだいに過大な役割や介助負担を負わせたくはないと考えている者も多い。そのなかで，障害者の将来を見通しての住まいや支援体制の整備，さらには法律行為や意思決定などをサポートする後見人の選定なども必要となってくる。

　また，障害者本人の加齢にともなう心身の変化への対応が必要となる。近年，障害者の早期加齢に関する実践報告や先行研究が蓄積されつつあり，その医学的対応や，日中活動や住まいの形態・内容を心身の変化に合わせたものにする必要がある。本人の自尊心や意向を尊重しながらも，活動内容や役割を柔軟に変更していけるような周囲の理解と支援が必要である。

　また，親自身の高齢化にともなう心理的・身体的変化と並行して，この時期は，それまで時には子どものケアを支えてくれた祖父母の介護も生じ，子どもと祖父母，場合によっては親自身や配偶者などの複数の要介護者が家族のなかに存在することもある。それらの介護にかかる時間的調整や様々な社会資源のマネジメントを同時進行で行わねばならず，負担感が高じることも多い。

　そして，親自身も自らの老いと向き合うこととなる。自らの加齢にともなう心身機能の衰え，場合によっては認知機能の低下などの症状が出現しながらも子どもケアを担っている親は多い。そのため，親自身への社会的支援の介入は遅れがちになる。障害のある子どものケアを担いながら，自らの老いと向き合う親の心理的な葛藤と新たに出現する生活問題に対応する社会的支援が求めら

れる。

5 障害者・家族に対する社会的支援のあり方

　上記のようなライフサイクルを通して表れる生活課題を確認したことで，それに対応する社会的支援のあり方として，以下の4点が提起できよう。
　第1に，障害者本人のノーマライゼーションの実現を支える社会資源の整備は必須の課題である。
　現状は，乳幼児期の医療や訓練機関等の不足に始まり，ライフサイクルのどの時期においても障害者の発達を保障し，ノーマライゼーションの実現を図るための社会資源は不足している。このことは，障害者が家族と過ごす時間，言い換えると親が障害者の介助を担う時間にも影響している。つまり，通常の子育ての場合は，子どもの成長とともに子どもが親と過ごす時間は減少の一途をたどる。そのなかで，親子双方が自立を意識するようになり，進学や就職，あるいは結婚等を機に，親は子育てが一段落したという実感を抱くこととなる。しかし，障害のある子どもの場合，親は送迎や付添等のケアを乳幼児期から成人期にかけて担い，また学齢期の放課後活動や成人期の余暇活動を支える社会資源が充実していないため，生活時間の面からも乳幼児期からほぼ不変の生活時間を過ごすことも少なくない。乳幼児期から変化しない親子の密度はいわゆる母子一体化現象を引き起こし，親子の分離を困難にさせる。
　第2に，障害者本人の生活やケアにかかる専門的ケアマネジメントが必要である。高齢者を対象とした介護保険制度では基本的にすべての要介護高齢者を対象にケアマネジメント制度が導入され，支援ニーズのヒヤリングとそれに基づく社会資源のコーディネートが行われている。一方で，障害者福祉の場合，相談事業が一般化しつつあるが，その内実は親の意見が重視されている場合も少なくない。現状では，親はあらゆるネットワークを駆使し，社会資源に関する情報を集め，調整し，各事業者へ本人関する情報を引き継ぐというキーパーソンとしての役割を担っている。
　さらに，専門的マネジメントの必要性としては，「親は本人の最も適切な代弁者となりうるのか」という点からも考えなければならない。現在の障害者の

生活は，親がどれだけ本人に目配りできるのか，どれだけお金をかけることができるのかということに規定されているといっても過言ではない。そのような条件に規定される親が障害児者本人のライフサイクルに相応しい支援を考えるのは困難であるし，何よりも通常の親子関係を考えた場合，子どもは親への反発や反抗を経験しながら自我を形成する。つまり，親との適度な距離が本人の自我を確立させ，固有の人格をつくり出すのであるから，親が常に子どもの最も適切な代弁者とはならないのは当然である。

第3に，きょうだい，祖父母，地域等の理解・啓発を促す支援が必要である。家族のなかに障害のあるメンバーがいることで，生活の変更を余儀なくされるのは親だけではない。きょうだいも様々な心理的不安や生活上の問題を抱える。例えば，親が障害のある子どもの介助中心の生活となるなかで，自分の行事に参加してもらえない，自分ときちんと向き合ってもらえないなどの生活上の問題や孤独感を感じていることも少なくない。きょうだいへの関わりを保障できるような支援体制やきょうだいの心理的ケア，当事者としてのきょうだいのつながりをつくるような支援も必要である。

また，子育てのサポート資源として期待されることが一般化しつつある祖父母も，障害児の子育てにおいてはそうならない場合も多くある。祖父母も孫の障害に戸惑い，関わり方に悩む，あるいは生活スタイルの変更を余儀なくされるという課題の当事者となりうる。現在の祖父母世代の幼少期は，重度の障害児の教育は猶予あるいは免除されていた時期と重なり，実生活のなかで障害者と接する機会がほとんどなかった者も多い。

第4に，障害者を含む家族関係を当たり前に変化させていけることも重要である。一般的な親子の関係性としては，子どもの誕生以降，幼少期は子どもは親から見守られる存在であり，成人してからは大人同士の対等な関係，そして，親が老いてからは子どもが親を見守るというように関係性は変化していく。しかし，子どもに障害がある場合，生涯，子どもはケアの受け手，親はケアの提供者という固定的な関係性になりがちである。そのことは，子どもの立場から考えても，親が自分のケアのために人生を犠牲にしているというプレッシャーとなり，親離れの機会を逃すことにもつながりうる。

現在の福祉制度においては，ギリギリまで子どもをケアした親が急に倒れた

場合，その後の親子関係を維持する制度は存在しない。例えば，緊急事態が生じて，障害のある子どもと親が別々の入所施設に措置された場合，入所施設を利用する子どもは外出援助のヘルパーが利用できないし，高齢者の介護保険制度に基づくヘルパーにはそもそも外出援助という概念はない。したがって，それぞれに関わる職員のボランタリーな働きかけがなければ，親子は会うことすら叶わなくなる。加えて，ケア中心の生活を送ってきた親は，家族・親族ネットワークにおいても孤立している場合も多く，子どもの利用する施設が唯一の，そして最大の拠りどころである場合も少なくない。そのようなケースにおいて，親の看とりをどのようにするのか，あるいはその後の墓守りなどは誰が担うのかということは，現実的に各実践現場において非常に深刻な問題となっている。高齢期を迎えた家族の現実を考えることで，ケアの第一義的責任を家族に課してきた日本の福祉政策の矛盾が，露呈することとなる。

　2006年に国連で採択された障害者の権利条約の多くの条文は，「締約国は，障害者がほかの者との平等を基礎として……」という文言で始まる。障害者本人はもちろんのこと家族にとっても，同社会・同時代・同世代を生きる者との同等の選択肢が保障されるべきである。また，障害者の権利条約の成立過程において当事者が主張し続けた"Nothing about us without us!!"というスローガンは，当然ながら家族にとっても当てはめられるべきである。

　これまで，障害者のノーマライゼーション実現に向けた含み資産として家族は位置づけられてきた。日本社会における固有の"障害者家族"という位置からの解放に向けては，障害者と家族のノーマライゼーションが同時に追求されることが不可欠である。

1　本部分の論考は，蓑輪［2017］に基づく考察である。
2　蓑輪は「就業構造基本調査」をもとに考察しており，それによると男性正規労働者のうち1997年は，年収300万円未満層が9％であったのに対して，2012年は15％まで上昇していると指摘している。
3　独立行政法人福祉医療機構 WAM NET において，「京都市」の「訪問介護事業所」とキーワードを入れて検索した。https://www.wam.go.jp/sfkohyoout/COP000101E04.do（2019年4月30日閲覧）
4　田中智子（2017）「成人期障害者の母親におけるケアと就労の両立困難」『佛教大学総合研究所共同研究成果報告論文集』第5号においては，福祉サービスを申し込みに行っ

た行政機関の窓口職員の対応で「障害児を預けてまで仕事をする必要はあるのか」と言われた事例などが紹介されている。
5 丸山啓史（2019）「障害のある子どもの貧困と教育」佐々木宏・鳥山まどか編著『シリーズ子どもの貧困3　教える・学ぶ―教育に何ができるか』明石書店では，障害のある子どもが放課後や休日に利用する「放課後等デイサービス」において，国により「家族の就労支援」として活用することを排除する通知が出され，現在，サービス提供をしている事業所においては，「『訓練』が制度的に強調されていることなどを背景に，保護者の就労保障という役割を放課後等デイサービスに認めようとしない事業所の存在が目立つ」と指摘している。

[参考文献]
上田敏（2005）『ICF（国際生活機能分類）の理解と活用―人が「生きること」「生きることの困難（障害）」をどうとらえるか』きょうされん。
大泉溥（2005）「障害児学校寄宿舎における生活実践と実践記録の展開」『実践記録論への展開―障害者福祉実践論の立場から』三岳出版。
厚生労働省（2018）「乳児の健康診査の実施状況」『平成28年度地域保健・健康増進事業報告の概況』。
全国障害者とともに歩む兄弟姉妹の会編（2006）『きょうだいだって愛されたい―「障害のある人が兄弟姉妹にいるということ」』東京都社会福祉協議会。
土屋葉（2010）「家庭生活と家族」松井亮輔・川島聡編『概説　障害者権利条約』法律文化社。
蓑輪明子（2017）「新自由主義下における日本型生活構造と家族依存の変容」松本伊智朗編『「子どもの貧困」を問いなおす―家族・ジェンダーの視点から』法律文化社。
渡辺顕一郎（1997）「心身障害児者をメンバーにもつ家族のストレスとその要因」『四国学院大学論集』95。

ライフサイクルを見通した社会的支援の実際(1)

障害をもつ乳幼児の保護者の現実と願い――子どもと保護者の伴走者として

井上美樹

はじめに

　私は，保育士として京都市左京区にある児童発達支援センターで勤めている。私の職場には，心や体，言葉の発達に遅れや凸凹（でこぼこ）がみられる就学前の子ども達が通ってくる。
　私が出会ってきた，子ども達や保護者にとって児童発達支援センターとはどのような場所か。乳幼児期の療育を担う私達職員の役割は何なのか。現場で出会った子ども達や保護者の例を挙げながら考えたい。

（1）事業内容

　児童発達支援センター「ポッポ」は1972年に障害児母子通園事業として開園。現在（2018年度末）までに，約800名の卒園児を送り出す，京都市内でも歴史のある事業所である。

　事業内容の大きなものとして，以下が挙げられる。

① 　親子通園（未就園の子ども達が親子で週4日通園をする場）
② 　併行通園（幼稚園・保育所に通っている子ども達が親子で週1日通園をする場）
③ 　プレ療育（誕生日月により決められる乳幼児健診の受診時期によっては，療育を希望されても年度初めに入園できず，1年以上待機をしなければいけない方がいる。そのような方をサポートする事業として，秋頃から親子で月1日通園をする場）
④ 　言語聴覚士（ST）による言葉や食事，コミュニケーションの相談
⑤ 　計画相談（児童），児童相談支援

　「親子通園」「併行通園」「プレ療育」のどの事業でも保護者支援を大切にし，保護者担当職員を各グループに1名配置している。週1日，担当職員を交え，保護者同士が互いに経験や悩みを出し合い，一緒に考えていくことができるような時間を設けている。

（2）文集を通して

　毎年ポッポでは，保護者に寄稿をお願いし（任意）1冊の文集を作成する。その文集から，一部文章を引用し，保護者の思いを紹介したい（各保護者には，個人が特定されない形で文章を引用する了承を得ている。また，個人情報保護のため実例の内容には一部加工しているものがある）。

　　「大切な居場所」

　　　○○症の可能性を告げられた○年前のあの日の悪夢は今も鮮明に思い出されます。あの時，私は絶望感に押し潰され，真っ暗闇の中にいました。昨日までの幸せに満ちた自分と障害児の母になった今日の自分，昨日と今日の境界線をこんなに色濃く感じたのは人生で初めてだったかもしれません。ずっしりと重い空気を抱え，ただただ義務的にNICUへ通い，無理に笑顔を作っていた日々，○○の存在をあまり目にしないように，ひたすら長男と思いっきり関わった日々……今思うとなんて最低な母親なんだろうと自分を疑ってしまうが，そんな私を変えてくれたのは，純粋に○○を可愛がる長男の姿。まだ色めがねで見ないまっすぐな眼差しにハッとさせられることが多々あった。まだ混沌としている中，療育をすすめられました。療育についてまだ無知だった私は，ここに通う意味も見いだせず，ここにくると，いよいよ我が子が障害児である刻印を押されるような気もして，悲観的な思いで入園の日を迎えました。

　　　でも，ここでの出会いは私の人生ではかけがえのないものとなりました。一生懸命生まれてきたかわいい天使のような子どもたち，様々な思いを抱えつつもひたむ

きに我が子に愛情を注ぐお母さんたち，子どもの思いを真正面から受けてくださる，そして親の不安な気持ちに寄り添って下さる先生…。
　○年前は両手を広げて迎え入れてあげられなかったけど，今は家族みんなが両手をいっぱい広げてあなたを愛おしく思っている。

◆療育職員としての専門性
　上記の文集を書かれた保護者のように，ポッポに通ってくる保護者は，今までの価値観がひっくり返される生活のなかで不安や戸惑いを感じながら，わが子と向き合おうとしている。情報の少なさから，わが子や家族が「普通の暮らし」といわれるものから疎外されるのではないかと感じている場合も多い。この時期の療育職員の重要な仕事は，保護者のそれまでの子育ての歴史を傾聴し，感じている混乱を受けとめ，整理し，一緒に子育てをする伴走者として認めてもらうことであると感じる。子どもの障害の軽減をめざすことよりも，子どもの発達の凸凹を含めて，その子のありのままを受けとめ合い，共感し合うことがオリジナリティに溢れた子育てのスタート地点であるこの乳幼児期に，私たち職員が全力で努力することであると感じている。そして，そのような第三者の支えを信頼し，受け入れられたという経験が，その後の青年期・成人期……と続く生活のなかで「社会」や「福祉」を信頼し，過ごしていけるかに大きく影響を及ぼすと感じている。

◆生活も子育ても障害への手立てもすべて保護者に任せないで！
　京都市内では，ここ数年で児童発達支援事業所が激増している。保護者が様々なサービスをうたう事業所を選ぶことが可能となり，多すぎる選択肢のなかからわが子にどのサービスを選ぶかは保護者の自己選択に任されることが多い。子どもの発達状況や障害特性を把握し，各事業所に伝え，選んでいくケースワーカーの役割が保護者に求められているともいえる。
　保護者はたくさんの時間を費やし"わが子の障害軽減のために"と各事業所に足を運び，"就学までにできることを増やしたい"と一生懸命に動く。
　療育施設や療育内容というたいへん難しい選択を保護者の自己選択のみに任すのではなく，子どもと保護者を支える事業所として責任をもってともに考えられるようになりたい。そして，子どもと保護者を支える各施設と事業所それぞれが子どもと家族の生活を細切れに考えるのではなく「横の連携」を取り合い，ともに，その子どもと家族を支える視点をもっていければと思う。

　「○年半を共に過ごして，今思うこと」
　私たち夫婦は，わが子が生後2週間で一生治ることのない病気だと宣告され，生まれたばかりなのにその将来を案ずることになるなんて想像もしていませんでした。病気の告知を受け，「どうしてわが子だったんだろう」という思いは強くありましたが，同時に「この子を何としても幸せにしてやらなければ」という使命感の

ようなものが湧きあがってきました。当時を振り返ると，聞いたことのない病に負けたくない思いで必死だったんだと思います。筋力を鍛えるために良い体操，専門的に見てくれる病院，症状が似ている他の病気について……時間を見つけては役立ちそうな情報を集めていました。そんな必死な思いや使命感は，○○と暮らしていく中で少しずつ変化していきました。

　人の倍の時間や労力はかかっても，自分のペースでできることを増やしていく姿。自分のことは自分でやりたいと意思表示する姿。決して受け身ではなく，自分が主人公となって自分の道を歩んでいる○○の様々な姿に触れ，「親の力で幸せにしてやる」のではなく，「子も親も笑顔で過ごせるような環境を模索していく」のが親の役割なのではないかと感じるようになりました。健常のお子さんの家庭と比べると，一つ一つの物事に親も子も労力や時間を割く必要があり，そのことが時につらく，悩むこともたくさんありますが，結果としてその手間は私たち親子に大切なことに気づかせ，普通ではできない経験をさせてくれるかけがえのないものであると思えるようになりました。

　どんな状況でも，家族が笑顔で過ごせる方法や環境を探し続ける気持ちを忘れずに持ち続けたいと思います。

◆仕事を続けながら，療育に通うということ
　上記の文集を書いた保護者は，育休制度を使い，正職員としての仕事を継続しながら，1年間「親子通園事業」に通った。保護者の願いである"就労"を継続しながら，なおかつ子どもの療育の回数を保障できる「親子通園事業」に通ってもらえたことは私たち職員にとっても嬉しく，新しい「親子通園事業」の可能性を示してくれたケースである。
　2018年度の保護者（母親）の就労状況，登園の方法は以下のとおりである。
・「親子通園事業」では，ほぼ全員が主婦であり，上記文集の保護者を含む2名が正職員で育休制度を使い「親子通園事業」に通った。
・「併行通園事業」「プレ療育事業」でも，5割が主婦，4割がパートあるいは自営の手伝い。正職員は1割に満たない。
・送迎，保護者グループへの参加は9割が母親。母親の就労のため，父親や祖母が参加したり，ファミリーサポートを使ったりして通園を工夫しているのは1割に満たない。
　ポッポを含め，乳幼児期の療育施設に通う保護者が就労を継続しにくい理由として以下の3点が考えられる。第1に，子どもの送迎を含めると療育の設定時間内（低年齢の子どもの過ごしに合わせ，療育時間が設定されている）では，保護者が子どもと離れられる時間が少なく，保護者の就労を後押ししにくい状況にあること。また，障害のある子どもと保護者には通常の育児休業制度よりも，より長く，臨機応変な対応ができる休業制度や職場の理解が必要だが，それを保障できる就労先は少ない。

第2に，保護者がフルタイムでの仕事をしている場合は，子どもは0歳児や1歳児から保育園に通っている場合が多い。そのため，乳幼児健診で療育につながっても障害の程度に関係なく，週1日のみの「併行通園事業」を選ぶ場合がほとんどである。
　第3に，保護者の思いとして，子どもと離れることに強い不安を感じ，自分自身の生活や就労ではなく，子どもへのケアを優先したいと考える場合がある。特に，出生時から難しい子育てを頑張ってきた保護者のなかには，わが子と離れ，職員と過ごす療育時間も別部屋にて待機していたり，部屋の外から常に子どもと職員を見守っている等，家族以外の第三者を信頼し，預けきることに戸惑う様子がうかがわれる。
　乳幼児期の療育施設では，通う「子どもの発達」を何よりも大事にしつつも，通わせる「保護者と家族の思いや生活」への配慮を十分に行えているのかを考えていきたい。通う子どもと通わせる保護者，その家族に寄り添える形（就労を可能にするような療育時間の長さの確保，親子通園型にこだわらずに保育園や幼稚園・家庭を訪問するような療育スタイル，より細かい地域への療育施設作りなど）を常に模索し，変わっていける事業所であることが大事なのではないかと感じている。

（3）子どもと保護者を支えるうえでの制度的課題

　ポッポに通う子どもや保護者には，出生時から，複数の機関がその年齢毎に関わっている。複数の機関が各専門分野で子どもと保護者を支えてはいるが，関わる機関同士の「横の連携」が十分とはいえない。また，各機関もその連携の窓口を保護者に求めることが多く，わが子への子育てと障害フォローが混在したケースワークを保護者が意図せずに背負っていることが多い。
　国は，児童発達支援センターおよび事業所に相談支援専門員の資格取得をすすめ，行政が行ってきた，子どもと家族へのケースワーク機能を代替することを求めている。しかし京都市では相談支援事業所の数が十分とはいえない。また，発達支援事業と相談支援事業を兼務で行っている事業所が多い現場では，子どもと保護者，家族にとって十分なケースワークができているとはいいにくい。
フィンランドのネウボラ制度のような，妊娠期からの「切れ目のない，公的な子どもと保護者，家族への支援制度」や「医療や社会福祉などの関係機関との接点を保護者に背負わせない，ケースワーク制度の充実」を求めたい。保護者と家族の努力だけではなく，乳幼児期を支える療育現場の努力だけでもない，障害のある子どもの発達保障と子育て・家族支援を公の機関である行政が切れ目なく支えられる社会であってほしいと感じている。

おわりに

　私が療育の仕事に携わって10年以上が経つ。たくさんの出会いのなかで，子ども達の発達の素晴らしさ，それを支えようとする保護者のひたむきさと優しさに心を揺さぶられ，この仕事を続けてきた。

今，子どもたちと保護者の努力に，社会も，制度も，療育の現場も追いつけていないのではと感じる。障害があろうとなかろうと子育てを保護者と家族だけが背負うことなく，子どもの笑顔が輝き，保護者が自分らしい子育てを見つけ，それを認められる社会であってほしい。そのためにも，現場の療育職員として，子どもと保護者の伴走者であり続ける姿勢を大切にしていきたい。

「参考文献」
　近藤直子（2015）『素敵をみつける保育・療育・子育て』全障研出版部。
　田中智子（2015）「子育てとケアの境界」『障害者問題研究』42巻4号。
　藤原里佐（2015）「障害児家族の困難と支援の方向性」『障害者問題研究』42巻4号。

ライフサイクルを見通した社会的支援の実際(2)

障害者の自立と家族の現状──青年期から高齢期へ

平野美佐子

　成人期とは，青年期から高齢期までをいう。事業所開所から現在までの40年を通して，私たちは利用者の青年期から高齢期までを見てきたことになる。
　2006年に障害者自立支援法が施行され，"就労移行"や"施設から地域生活への移行"を柱に，総合的な自立のシステムとして事業体系とサービス体系が再編された。事業の利用期間の設定や成果主義による報酬制度となり，"させられる自立"となった。その後，2012年に障害者総合支援法に変わっても，考え方の基本に変わりはない。
　死語となっていた"親亡き後"という言葉も復活した。支援の視点を"自立"か"親亡き後"かのどちらにおくかで，必要な制度・施策は大きく異なる。
　家族も本人も高齢期を迎えているなかで，様々な問題が生じている。それらについて，地域での共働も含めて考えていきたい。

（1）成人期の可能性と家族

　現在，学校卒業後の障害者の多くは，当たり前のように日中事業所に通っている。障害者の願いから，最初の作業所が開設したのは50年前。そこから全国に広がり，関係者の努力で運営されてきた。
　私たちの作業所は，1979年に市内1か所目として開設した。それ以前に養護学校を卒業した人は，家で過ごすしかなかった。和子さんは当時の日記に，「みんなといっしょにはたらきたい。はたらくとこができたら，いっしょうけんめいはたらく。はやく作って」と書き，1か所目の作業所で仲間と一緒に働き出した。40代初めにグループホームに入居し，共同生活のなかで自分の生活を築いてきた。
　昭夫さんは，グループホームに「入りたい」と意志表示し，母の反対にも意志を変え

なかった。入居後，他者とのトラブルもあったが，乗り越える力をみせた。
　私たちは，「働く場が欲しい」「ホームで暮らしたい」という希望とその実現が，本人の可能性を広げると実感した。
◆家族が担ってきた役割
　一方，和子さんの母は，卒業後は親のそばが安心と考えていた。ホーム入居後も理由をつくっては会いに行き，本人に「お母ちゃんも自立して」と言われても変わらなかった。
　昭夫さんの母はグループホーム入居に不同意で，職員との話に「一人になったら自分はどうしていくのか」と言った。最後に母が同意したとき，本人は母に「ありがとう」と言ったが，母は涙が止まらなかったそうである。
　家族はその時どきで，"本人の代弁者"になったり，自分本位になったりする。長い同居生活のなかで，本人の生活に家族の生活も組み込まれてしまい，いつの間にか，子どもと離れられない，子どもがいるから親の生活が成り立つ，という事態になっている。
　そういうなかで，家族がいなくなっても障害者が生活し続けられるように，グループホームを開設した。そこから，これまでみえなかった家族が担ってきた役割がみえた。
　健康管理について，家族は病気以外に，食事量・便秘，精神不調などに予防的対応を行っている。爪切り・耳掃除などは看護師以外には家族しかできないため，グループホームではやれない。通院の往復には通院介助事業を利用できても，家族に替わって医師と相談する仕組みはない。
　移動支援事業ができたことで，余暇にはガイドヘルパーと外出できるようになった。しかし，いつどこに行くのかを決め，事業所に申し込むのは家族である。
　金銭管理や契約は，成年後見制度利用によって可能である。だが，家族はその他に，本人の衣類や嗜好品の購入，不足した費用の援助，余暇の組み立て，どういうサービスをどの事業所で利用するかの判断なども行っている。
　事業は増えたが，それでも変わらない家族の役割や，事業利用のために増えた役割もある。

（2）家族自身の活動から
　家族が不在後の不安は，すべての家族に共通する。作業所の家族会でもその話は多いが，「グループホームか，入所施設か」にとどまり，利用者の障害状況も生活の仕方も違うのに，暮らし方の話にはならない。
◆家族会の「暮らし検討会」
　"障害者の暮らし方"を考えようと，家族会に「暮らし検討会」の設置を提案した。暮らし方を考えるために，入所施設やグループホームの見学も行ったが，毎回の見学後の感想は，「遠い」「入浴時間が問題」「私物が少ない」などの指摘となった。その向こうに，暮らしの場は介護できなくなったときには必要だが，元気なうちは自分がみた

い，という家族の本音がみえた。
　検討会で，家族会の1人の母に話をしてもらった。3人の息子のうち下の2人が強度の自閉症。2人の将来は兄に託すつもりだったが，兄の他県への就職にパニックになった母は，支援者に相談した。「兄ちゃんには兄ちゃんの生活がある」と言われたが，母はこれまで"兄ちゃんの生活"など考えたこともなかった。
　そこから，家族の今後を考え出した母は，1人の施設入所を考え，複数のショートステイ利用から始めた。本人が様々な場で，どんなふうに過ごせるのか見たいからだったが，場が変わっても自分なりに過ごせるとわかって少し安心した母は，遠方の施設に入所させた。母は，「家に近いとか，入浴時間がどうかなどは関係ない。施設では他者に怒られることもあるが，そういう人との関わりのなかで本人は成長している」と語った。
　子どもの立場で施設を考え，その成長に期待している話は，参加者の胸に響いた。
◆ "知的障害児・者のくらし"実態調査を通して
　家族が"子離れ"できないのも，他者の介護に委ねられないのも，要因に介護の長期化がある。同時に，家族依存せざるをえない本人の経済性も併存している。
　2012年，市内の知的障害児・者を対象に「くらし実態調査」を行った。知的障害に特徴的な親子一体の生活を，家計構造から明らかにすることを目的とした。障害児・者の家族を中心に実行委員会を構成し，佛教大学・田中智子研究室とともに調査を進めた。回答は，児童期から高齢期まで広範囲となった。30日間という長い調査期間を家族が決めたのは，短期では出てこない費用があるからである。家族は毎日，家計を付けながら，いくつものことに気づいた。
・今まで，障害者本人の支出を取り出して計算したことはない
・月の途中で本人支出は障害基礎年金額を超えていた
・親が補足していることは，親だから当たり前だと思っていた
・補足額は少額に見えて，合計すると多額だとわかった
　さらに調査結果から，本人の経済水準では自立生活は不可能なこと，補足のために家族は自分の生活を抑制してきたこと，補足は自分たちの老後の蓄えに影響すること，などが明らかとなり，家族不在後の本人の生活と自分の老後への不安が一層高まった。

（3）サービスで代替できない親の役割
　その不安が現実のものとなっている。実態調査の自由記述に「『いつまで子育て？』と自分の母に言われた」とあったが，知的障害者の多くは成人になっても家族介護によって生活している。そのなかで家族が担ってきた役割は，児童期と成人期の生活が連続しているため，家族も自分の役割だと思い込んできたものである。高齢期となり，その役割が今後どうなるのかという問題に直面しているが，その解決は福祉施策の拡充でしか図れない。
　では，施策が拡充すれば，親の役割はなくなるのだろうか。

◆相談ケースを通して

　相談支援センターが関わった事例を紹介する。母(知的障害，統合失調症)と子(知的障害)の世帯で，母の養育力は低く，常に見守りを要する状態だった。母の病状悪化によってネグレクトとなり，子どもは緊急一時保護で施設入所，母も入院した。

　母の状態が落ち着き出したことで，子どもも母に面会し，母の退院後は日帰り帰宅も考えられるようになった。だからといって，一緒の生活は難しい。母への衣食住の支援はヘルパー利用できるが，養育力が不十分であっても親子には強いつながりがある。そこが重要な課題となった。

　その後，母だけが家に戻り，子どもは母の状態がいいときに，施設から帰宅して一緒に過ごすことになった。別々の生活をしながらも，行き来することで，親子のつながりを確認している。離れていても，どの親の心にも子どもが存在し，常に案じている。そのことが，サービスでは代替できない，親の役割なのではないだろうか。

(4) 障害者・家族の生活と求められる支援

　障害者と家族の現状は，市の自立支援協議会での事業所の話でも同様だった。

　暮らしの場について，国連障害者権利条約には"誰とどこに住むかを選択する権利"とあり，青年期になれば家から独立した暮らしの場が必要なのである。しかし，国は"入所施設からの地域移行"を掲げて入所施設増設を抑制，暮らしの場をグループホームに特化してきた。事業所はグループホームの不足から，障害理解への不安がありつつ"サービス付き高齢者住宅"に頼らざるをえない現状がある，と報告した。

　そして，高齢化(重度化)である。グループホーム入居者の高齢化により，支援者の専門性や設備改善の課題が生じている。どの事業所も現行制度の限界と介護保険での障害者支援の困難から，高齢障害者を想定した暮らしの場の必要性を訴えている。

　また，高齢家族の問題に，障害福祉事業所が対応せざるをえない実態もある。日中事業所は親の認知症や緊急入院等に，他の家族への連絡，高齢福祉との連絡・調整，家での本人支援，利用者のショートステイや暮らしの場の確保などを支援。グループホームは親不在後，医療機関への連絡・相談，帰宅できない人の365日支援の増加と，それにともなう衣類などの購入や余暇の組み立てに加え，諸手続きなどを支援している。ヘルパー事業所が，親がいなくなった人の余暇を組み立てている例も，報告した。

　事業所は，目の前の利用者の困りごとを放置できない立場にあるが，制度と障害者・家族の実態の乖離があり，障害者の生活の困難と事業所の役割が増加している現状にある。

◆制度・施策の課題

　制度の問題は，障害福祉と高齢福祉が関連して機能しないことである。高齢家族には高齢福祉で対応し，同居している障害者は障害福祉の対応となり，一体的に機能しない。障害者がいる家庭全体を視野に入れた制度が必要である。

　また，障害福祉制度の基本の考え方である。障害者・家族の高齢期が提起しているの

は，ライフサイクル全体に関わる問題であり，具体的な施策の拡充だけでは継ぎはぎになりかねないため，その基にある制度の確立が求められる。

　高齢障害者の姿は，これまでの生活がノーマルだったかどうかが影響する，といわれる。家族に丸抱えされてきた障害者も，丸抱えしてきた家族も，どちらの生活もノーマルではない。障害児・者の介護を社会的支援と位置づけ，ノーマルな生活の基礎をつくっていく必要がある。そのために，児童期の障害発見と同時に，子どもと家族に寄り添える相談支援と専門職の体制が必要である。そして，その支援体制がライフサイクルを貫いて機能するものであって欲しい。

　制度がどう変わっても障害者は存在するし，障害者と家族の自立した生活の実現という福祉の目的も変わらない。障害児・者と家族が当たり前の暮らしが営める制度の実現にむけて，働きかけていくのも事業所の役割である。

　地域の事業所との共働の取り組みによって，課題共有ができてきた。引き続き，制度改善への働きかけと制度変化に翻弄されない地域の基盤をつくっていくために，ともに取り組みたいと思う。

第Ⅲ部　障害者・家族の生活問題と社会福祉援助の専門性／第14章

障害福祉実践における専門職の役割と専門性

　人が人を援助すること。これは，非常に日常的でもあり，また哲学的な営みでもある。

　日常的というのは，人間は有史以来，誰にでも訪れる生老病死に関わる場面を他者に助けられながら，ときには依存しながら過ごしている。家族，友人，地域という自然発生的な共同体において営まれていたケアが，近年，家族の縮小化や地域の凝集性の緩和などにより，内部で完遂することが困難になり外部化が進行している。そして，有償でケアを担う社会福祉専門職が登場した。そこで，ケアを家族や友人などインフォーマルな関係のなかで担うのと，社会福祉専門職として職業として担うことにはどのような違いがあるのだろうかという新たな哲学的問いが立った。

　また，第6章でも述べたが，社会福祉政策は，生活実態とそれに基づく社会運動，そして政策主体の関係性のなかで発展してきた。そのなかで，社会福祉専門職は，どの位置に立ち，どのように問題を認識し，どのようにふるまうのか，それは個人としてのあるいは職業集団としてのアイデンティティに関わる問題である。数年前，生活保護行政に関わる専門職が生活保護受給者に対して差別的な態度をとるという非常に残念な出来事が表面化した。驚くのは，それが当該部署で働く者の集団的な行為であったことである。その者たちが，どのような養成教育を受け，どのように対象者に向き合い，どのような集団的な議論を進めていったのかを確認することはできないが，専門職集団としてそのような態度が極端になるのを律することができなかったというのは，本出来事に関わることだけではなく，専門職のあり方が危機にさらされていることを象徴的に表しているといえよう。

　本章では，障害者福祉に関わる仕事の特質と，そこで求められる専門性につ

いて考察する。

1 障害福祉専門職の仕事の特質

社会福祉専門職という仕事のもつ特質について，真田［2003］の社会福祉労働論，二宮［2005］のコミュニケーション労働に関する論考をもとに，以下，3点に整理する。

■1 働きかける対象が人間であるということ

第1の特質は，対象者との関係で，「働きかけるものとこれを受け取るものとが固定している一方的流れではなく，労働の働きかけを受ける労働対象からも人間的反応が行なわれる相互作用・相互交流の関係」であるということである。すなわち「労働と労働対象との関係が人と人との相互関係であることから，人間の内面的なものや行為の相互交換の過程である」ということである。そこで，重要なのは，「労働者と対象者とがじっさいにどんな人間関係を取り結ぶのか」［真田，2003：114］[★1]ということになる。支援者と対象者の信頼関係いかんによってその支援の質が規定されることはいうまでもない。

近年，社会福祉実践をめぐって「利用者本位」で「寄り添う」ということが多くいわれてるが，それは単に良好な関係を築くということだけではない。支援場面においては，支援の主体は支援者，しかし生活の主体は対象者であるという主客逆転が生じる。例えば，障害児のある子どもの教育を考えると，「発達労働者は，子どもたちの発達ニーズを理解・把握してその潜在的能力に働きかける場面では主役なのだが，肝心の発達ニーズを発する主体は誰かと問えば，それは子どもたちにほかな」らない。つまり，仕事として支援を行うことの主体は支援者であるが，同時に子どもたちが「発達ニーズをそこに向かって発信する相手，客体」ともなるのである。要は，支援者は主体として，対象者のニーズを読み取り，支援の計画を立て，実施するということを行っているが，学ぶことや生活することの主体は当事者なのである。つまり，当事者とは，自分が学びたいこと，やりたいこと，こうありたいと願うことの実現に向けて，支援を取り入れながら人生を送る主体であるということであり，支援者

には，障害児者を人生の主体として本質的に尊重できるのかということが問われているのである。

2 労働力と労働手段の関係

　労働力と労働手段の関係からいうと，例えば生産労働においては，道具の開発や機械化が進展することで，人の役割は保守や管理と縮小するのにともない，労働力の比率も低下するのに対して，対人援助では，基本的には人の果たす役割および労働力の比重はあまり低下しないということにある。

　福祉用具や機器，最近では人工知能の発展により，これまで人が担ってきたケア，例えば，家事や入浴などが部分的にそちらへ移行することはあるだろうし，それ自体は望ましい面もあるが，だからといって専門職が不要になるということはありえない。それは，多くの事業体において，全体の経費に占める人件費率が高くならざるをえないことからもうかがえる。最近では，営利を目的とした企業の参入などによって，人件費率の引き下げによる企業の利益が追求されるようになっている事象もみられるが，それは対人援助の仕事を切り取り，矮小化して捉えていることを意味している。

　例えば食事場面において，宅配サービスやロボットによる調理・配膳などによって専門職の代替が事足りると考えるのは，対象者のニーズの一部を充足したにすぎず，人間の暮らしの営みを単なるニーズのつなぎ合わせと単純化して捉えたにすぎない。食事というのは，単に栄養摂取を目的とするのではなく，文化的な活動である。旬の物を味わい，親しい人とのコミュニケーションのなかで今日の出来事を伝え合い，楽しかったという時間を蓄積することが人格の回復につながる。専門職にはそういう部分にも目配りをしながら，対象者の安寧な暮らしと人格の総合的発達を促す働きかけが求められる。

3 労働の過程で消費されるもの

　対人援助の仕事において消費されるのは，支援者の「心身にある精神的および物理的な力」である。そして，支援者として良好な状態を保つには，「消費された労働力は再生産されなければならず，基本的生活資料の摂取・利用と文化の摂取・享受によっておこなわれる」のである。つまり，支援者自身が健康

で文化的な生活を送ることは，よい支援を行うために不可欠なことである。また，専門職として再生産される，すなわち，支援者としてマンネリ化に陥らず，常に資質向上に向けての努力をするためには研修や研究などの条件整備も重要である。

　また，支援を行ううえでは「労働力だけではなく人格も消費される」のである。支援者は専門職としての知識・態度だけではなく，人間としての豊かさも求められるのである。支援者のもつ文化水準や，科学的理解，教養や社会認識などの人間としての引き出しの豊富さは支援の質を規定する。

　それは，支援者の提供する支援の質によって，それを受ける側の対象者の享受能力を高めることにもつながる。これは，「いいモノを消費者に使ってもらおうと思えば，そのモノに対する消費者自身の評価能力を高めなければならない，すなわちモノを楽しんで使う享受能力を高めなければならない……ここでは消費者は，単にモノを消費して終わるのではなく，生産者の提供するモノを能動的に享受する主体とみなされて」[二宮, 2005：35] いるのである。つまり，対人援助とは，人間として豊かな引き出しをもつ専門職によって提供される支援に刺激を受けた対象者が自らの生活者としての力量を高め，そのことが専門職に支援の向上を促し，それがまた対象者に還元されるという循環的な営みなのである。

　近年，福祉や保育現場の専門職の処遇の低さに社会的関心が向けられつつある。専門職の処遇を向上させるということは，労働者個人の生活の向上というのにはとどまらず，社会的生活の水準を向上させることにつながることを理解しなければならない。

　以上のように社会福祉専門職は，支援者自らの労働力を労働手段として発揮し，対象者との相互関係によって規定された支援を行っている。そのような意味では，支援者自身の経験のすべてが仕事に活かされるというのがこの仕事の醍醐味ともなる。作業所職員の場合でいえば，大学卒業後の入職時は，障害者も親も自分より年上でその人生から学ぶことも多いであろう。時間が経つなかで，例えば自分の家庭を築き，親になるというような経験をすることで，若い頃にはわからなかったことも追体験的に理解できるようになるかもしれない。

そして，支援者としての経験を重ねることで，以前の自分では気づかなかったこと，できなかった支援ができるようになるかもしれない。自分のライサイクルの進行にともない，支援観も変化するなかで，自分の成長や新たな自己への気づきが促されるというのが，この仕事の最大の魅力といえるであろう。

2 障害者福祉専門職に求められる専門性

以上のような社会福祉専門職の特質をもとに，障害領域で働く支援者に求められる専門性について以下考察する。

1 対象者の生活・人生のバトンをつなぐこと

1つ目は，対象者の生活・人生を途切れのないものとするためのバトンをつなぐ役割である。例えば作業所職員であれば，対象者と関わるのは，成人した障害者の昼間の時間というように，自らの労働時間に規定された時間内，さらには人生のなかのある時期に限定されたものである。しかし，対象者は，幼少期から親が障害受容に悩み，様々な専門機関を渡り歩いて，そこで出会った様々な関係者からそれぞれの意図をもって働きかけられ，就学前，学齢期を過ごして今に至っている。また，現在の暮らしのなかでも，作業所にいる昼間の時間帯以外は，家族や他の福祉サービスの事業者が支えている。そのなかで，本人や家族がどのような思いを抱き現在に至っているのか，生活の各場面に関わった専門職はどのような意図をもち，支援を行ったのかということを理解したうえで，自らの役割を自覚することが重要である。

また，生活のバトンを引き継ぐという点では，個人としてではなく，職員集団としての引き継ぎという視点も重要である。現在の実践現場のなかでは，グループホームやヘルパー，相談支援などのように直接援助の場面においては1人の職員で支援をすることも多い。しかし，各支援者が独立的に支援をするのでは，対象者は支援者にあわせて自分の生活の仕方を変えなければならないし，生活の流れが断続的なものとなってしまう。それを避けるためにも，当事者の思いを出発点にしながら，相互了解のもと，各専門職が支援にあたることが必要となる。そのための会議やケース検討などの機会の保障も不可欠である。

2 成長・発達を支援すること

　第2に，生涯にわたる対象者の成長や発達を促し，支援することが重要である。障害福祉の領域で働くうえでは，障害そのものへの医学的・科学的理解は必須のものである。障害を理解するというのは，「(障害の) 本体が何であり，それが子どもに何をもたらすのか，どのような治療や援助があるのかを知ること」であり，「現在の諸科学がその障害をどのように理解し，どのように立ち向かっているのかを知ることが専門性確保にあたっての最初の仕事」[三木, 2007] なのである。つまり障害の解明に関わる現在の諸科学の到達点をふまえたうえで，相対する対象者の現実を捉えることが重要なのである。

　しかし，障害というのは，それを有する個にとっては全体ではなく部分である。個の内部に目を向けると，障害以外にも個性や潜在能力といったもので，人格は総合的に形成されるものであり，外部に目を向けると人間関係や社会資源など個を取り巻く環境によって障害による困難の出方は異なる。特別支援教育に関わる佐藤比呂二は，自らの特別教育実践を振り返るなかで，「あらゆる場面で，障害特性に配慮しつつ，一人ひとりの子どものねがいをくみとり実現させていく」のが教育の役割であり，「人間は一人ひとりちがう。そして，人間は自らの意志で変わっていく存在である。自閉症を普遍的な一種のメカニズムのように見るのではなく，無限の可能性をもった一人の人間としてみよう。自閉症である前に一人の人間。その当たり前のことを踏まえてかかわるからこそ，表面的な行動の裏に隠された子どもの本当の思いやねがいが見えてくる」という対象把握の視点を述べている。またそのなかで援助とは「子どもは人とのかかわりを通して，自分自身で『より良い自分』を選び，自らの意志で変わっていく。『子どもを変える』のではない，『子どもが変わる』のを見守ることだ」[赤木・佐藤, 2009：50] と述べている。つまり，成長・発達を支援するというのは，支援者の定めた枠組みの中で障害児者を成長・発達「させる」のではなく，本来その者が有している成長・発達する力を「引きだし」「育てる」ことなのである。そのなかで障害により自らの力だけで引き出し育てることが難しい部分について，諸科学の到達を総合した実践によって支援することが求められている。つまり，支援者の対象の見立てと実践を組み立てる力が問われているのであり，支援者は，固定的な見方にとらわれていないか，経験則に

陥っていないと常に実践を振り返ることが重要なのである。

❸ 社会認識を深めること

　第3に，障害福祉実践を行ううえでは，社会認識を深めることが重要になる。

　第1章で詳述しているように，障害者問題は資本主義という社会構造に根差し，規定された生活問題である。そのなかで，例えば障害者をケアする母親が就労できず家庭が貧困に陥るという問題について，自己責任と捉えるのであれば母親に深夜労働などの過重な負担を強いるか，もしくは限られた資源をやりくりするほかないのである。しかし，第6章で述べたように，それを社会的問題として捉える人たちがいたからこそ，子どもの居場所の保障と親の就労保障を求める運動が広がり，現在では学齢期の障害児を放課後等デイサービスが全国に広がっている。このように生活問題を家族の自発的選択（例えば，子どものケアをしたいから働かないなど）に基づく自己責任として短絡的に捉えるのではなく，一見するとそのようにみえる事象であっても，その背景にある障害者の社会資源や労働市場や社会保障などの社会構造に目を向け，なぜ家族がそのような選択をしたのか（せざるをえなかったのか）ということを考えることが重要である。戦後，重症心身障害児者の実践を展開した糸賀一雄はその著書の中でこう述べている。「……ちょっとみれば生ける屍のようだとも思える重症心身障害のこの子が，ただ無為に生きているのではなく，生き抜こうとする必死の意欲をもち，自分なりの精一ぱいの努力を注いで生活しているという事実を知るに及んで，私たちは，いままでその子の生活の奥底を見ることのできなかった自分たちを恥ずかしく思うのであった。重症な障害はこの子たちばかりでなく，この事実を見ることのできなかった私たちの目が重症であったのである」［糸賀，1968：175］と。つまり障害者問題とは，障害者の側に存在する問題ではなく，社会の構造に由来する問題であり，その解決に際しては，社会の価値観を転換することが必要となる。

　社会認識についてのもう1つの危惧は，近年，「社会福祉」ではなく，「社会」がとれた「福祉」が広がってきて，それに基づく制度設計になってきていることである。福祉の専門的サービスが商品化されるなかで，例えばホームヘ

ルパーなどの報酬単価には，経験や支援者のもつ専門性などは一切反映されない。さらには，最近，保育領域にまで事業所運営の資格要件の切り下げや無資格者の登用が進行している。社会福祉実践の仕事とは，単に個人の well-being を追求するだけはなく，「社会」を射程に入れ，その価値観の転換も要求にする公共性を帯びたものであるとの認識が重要である。

　したがって，社会福祉専門職には，政策提言能力も求められる。場合によっては，障害者や家族は日々の生活に追われるなかで無力化され，自分たちに生じている問題が社会問題だという認識をもてない場合もあるだろう。また，障害がゆえに，社会に伝わる方法で，自分たちの生活の困りごとを発信できない場合もあるであろう。そのようなときに，専門職は一番身近で寄り添う存在として，当事者を励まし，時には代弁者的な役割を担いながら社会問題の解決に向けて働きかけていかなければならない。多くの当事者・家族が，裁判という非常に手間のかかる方法で国を相手に訴えた自立支援法違憲訴訟などは，当事者たちが自らの尊厳をかけて闘い，それを専門職が支え，政策主体が施策の過ちを認め，社会の障害観も変えたという好例である。

　また，社会福祉実践を規定する制度的条件が貧困であるということは，支援者にとっても当事者のニーズを把握し，必要と思った支援が実現できないということを意味する。自らの支援者としての向上のためにも，労働条件，環境の向上のために労働者として社会に向けて発信することは不可欠なのである。

　ドナルド・ショーンは，対人援助に関わる専門職を「反省的実践家」と表現し，「クライアントが抱える複雑で複合的な問題に「状況との対話」にもとづく「行為の中の省察」として特徴づけられる特有の実践的認識論によって対処し，クライアントとともにより本質的でより複合的な問題に立ち向かう実践を遂行している者」であると定めている［ショーン，2001］。つまりは，実践者と自らの問題認識や実践を振り返り，当事者とともに社会的問題として問題解決に立ち向かう者としているのである。平たくいうと，自分のしている仕事に対して，きちんと向き合い悩む姿勢をもつべきだということであろう。他者の人生を支援するという答えと終わりのない仕事だからこそ，専門職自身も個人としても集団としても向上しながら，自らの成長も実感しながら，社会と向き合

うことを諦めないということが求められているのである。

1 以下，本節に関わる「　」を伴う引用は基本的に真田［2003］からのものであり，二宮［2005］からの引用のみ別途引用注をつけた。

[参考文献]
赤木和重・佐藤比呂二（2009）『ホントのねがいをつかむ―自閉症児を育む教育実践』全国障害者問題研究会出版部。
糸賀一雄（1968）『福祉の思想』NHKブックス。
真田是（2003）『新版　社会福祉の今日と明日』かもがわ出版。
ショーン，ドナルド／佐藤学・秋田喜代美翻訳（2001）『専門家の知恵―反省的実践家は行為しながら考える』ゆみる出版。
二宮厚美（2005）『発達保障と教育・福祉労働―コミュニケーション労働の視点から』全国障害者問題研究会出版部。
三木裕和（2007）「特別支援教育と教師の専門性」全障研研究推進委員会編『障害者の人権と発達』全国障害者問題研究会出版部。

障害者福祉専門職の実践と成長

専門職とは"自分の気づきをほりさげ，共有化し，集団化すること"

大田哲嗣

はじめに

　私の勤務している事業所は，生活介護とヘルパーの事業所が同一敷地内にあり，グループホームも連携して取り組んでいる。その中で，私自身，作業指導員としての仕事での実践，ヘルパーとしての家や外出での実践，世話人としてのホームでの実践と，様々な職種を経験してきた。そのなかで，新入職員の頃に先輩がよく話されていた，"本人を丸ごと捉えることが大切だ"ということの意味や必要性を感じた。

　目の前の姿だけで捉えるのではなく，支援する人のライフステージとライフサイクルを知り，その人自身を中心におきながら，働く場，暮らしの場，社会参加の場，それぞれでの本人の想いや姿を重ねあわせて知り，何を大切にしていくかについて，関わる支援者で意思統一をしていくことが大切だと思う。本稿では，トータル17年間関わったOさんへの実践を通して，専門職として求められる姿勢について考察する。

（1）プロフィール：Oさんはどんな人

　知的障害と自閉症のあるOさんは現在50歳前後。養護学校卒業後，家族送迎で日中は事業所に通所していた。IQは最重度，発達年齢は2歳〜2歳半。幼年時までは，会話を

し歌も歌っていたようだが，現在は言葉もなく，表情と指差し，喃語(なんご)で意思表示する。自分より大きな男性，人ごみ，知的障害の重度の方を怖がり，自分に何か危害を加える可能性があると，何を差しおいても逃げ，自傷をする。また，風が苦手で，生活介護事業所では外出ができなかった。

（2）外出の取り組みを通して──生活介護の職員として関わって

家族懇談などで，Oさんは家族と散歩によく出かけると教えられたが，Oさんが外で過ごす様子は想像できなかった。日中事業所では，外に出てもすぐに屋内や車内に戻ってしまい，それでも職員がしつこく外に出ようと声をかけると自傷してしまう。そのため，職員も，風が苦手で外へ出たくないのだから無理をせず，初めは室内での関わりを深めようと取り組んでいた。

そんなOさんだが，外出時に時々，とてもにこやかに遊具などで遊ぶ姿が見受けられた。ごく稀なので，職員も嬉しく思うのだが，たまたまだろう，風が吹いていないからだろうと捉えていた。しかし，あるとき，そんなOさんの様子が職員の間で話題となり，風が苦手＝外出が苦手として捉えていたのではないかと振り返るきっかけになった。そしてOさんは外出が嫌いなわけではなく，苦手な風を克服して外に出られるようになれば，新しいOさんに会えるのではないかと，長い目でみながらみんなと一緒に外出して楽しむことを目的にして事業所で取り組むことになった。

そこで，集団での外出時に，Oさんに役割をもってもらうようにした。みんなと一緒に散歩に行けないOさんは，車の中で職員と一緒に待っているので，散歩から戻ってきた人たちにお茶やおやつなどを運ぶことをOさんの役割にして，みんなのいるところに誘うようにした。お茶やお菓子は食べたいけれども，風が強いなど様々に葛藤しながらもお菓子をみんなのところに持っていく。車から出られない，すぐに戻る，少しベンチに座る，遊具で少し遊ぶなど，1つひとつ積み重ねながら，安心して過ごす時間も増えてきた。そして，お茶を持っていく役割があることで，みんなと一緒に行動することも少しずつ増えてきた。自分の満たしたい要求があり，本人にとってわかりやすい形で見通しをつくることにより，苦手なことを乗り越えることができる人だとわかった。

（3）外出の取り組みを通して──ヘルパーとして関わって

家族の送迎を中心に通っていたOさんだが，家族の高齢化にともない，移動支援での送迎が始まった。

初日は風が強い日だったので，とても心配しながら迎えに行ったが，そんな気持ちも取り越し苦労で，実際には，乗るバス停も理解し，人ごみも臆せず，自傷もせずに通所できた。帰りはいつも送迎バス利用だったので，ヘルパーと帰ることに戸惑いはあったが，こだわりや自傷もなく帰宅できた。事業所での外出時に，なかなか外に出られない様子を知っていたので，本当にスムーズに送迎ができてとても嬉しく，これからも支援を続けられると思えた。

こうして問題なく始まった通所支援だが，帰宅時には，事業所の車に乗るこだわりが強くなり，なかなか事業所を出発できない日が増えてきた。当初は職員にされるがままに帰っていたのが，Oさんもだんだんヘルパー利用がどういうものかわかってきて何かおかしいと思ったのかもしれない。

　本人が帰る行動をするまで待ったり，最寄駅まで車で送ったり，Oさんの想っていることを見立てて取り組んできた。帰ることについては職員とOさんとの綱引きだった。そんなときに，Oさんは職員が誰も車で送ってくれないとわかると，停まっている車に自分で扉を開けて乗り込んだり，時には鍵を取り出して運転できる職員に渡すことで，車に乗る要求を伝えることもあった。

　帰れないのには困ったが，事業所の中でも職員の指示待ちが多かったOさんが，車の動く方法を知っていて相手にわかる方法で要求を伝える姿を見ると，ほほえましく思えた。

　そういった取り組みを積み重ねるなかで，事業所を出るときはなかなか出られないが，駅まで送らなくても途中の道で降ろすと，そこからスムーズに歩いていく姿もあった。事業所の敷地から出るときにOさんには見えない壁のようなものがあるのではないか，その壁を越えてしまえばあまり気にせずに歩けるのではないかと思い，取り組みを続けた。今では，台風のような風が強い日以外は，自分からヘルパーを連れて帰っていく。時間をかけて，自分が今までつくってきたこだわりを変えていきながら生活をつくっているのだと思う。

　余暇活動の支援も始まった。余暇では，家族の方が話していた外出時のOさんの姿があり，事業所で見ていたOさんとは違った姿であった。風が強くても自傷もせず，ずっと公園を散歩している。食べ始めるのに時間がかかり，かき込んで食べる印象が強いOさんが，すぐに箸をつけ，刺身に醤油をつけて食べている。支援者としては新しい発見で，Oさんが身につけてきた生活力を知ることができた。そうした余暇活動でののびのびした，電車に乗って車窓を楽しむ姿は，初めての現場の職員の頃に思った「外に出られるようになれば，新しいOさんに会えるのではないか」というその姿が見えた瞬間であった。

　日中，余暇，家庭とそれぞれの場面で，もっている力を発揮しているOさんを知ることで，Oさんの支援を考えていく引き出しが増えていった。そして今は，本人も葛藤があるなかで，家族から離れてグループホームで生活している。

（4）日中現場のころを振り返って

　事業所でのOさんは，指示待ちがあったり，時には自傷することもあったが，特に大きな話題に上がるような人ではなかった。Oさんは，直接私が担当していた時期より，他の職員の担当のときに，目に見える形で大きく変化している。

　職員の働く醍醐味は，支援している人が職員の働きかけに応えてくれたり，QOLの向上や新しい発見があったときなど，職員が本人の変化や発達を実感できることだと思

う。ただ,そのような変化はいつもあるのではなく,あまり変わらない日常の積み重ねだといえる。支援者側の都合で変わってほしいのではなく,本人の声なき声や日常の様子から,できることが増えたり,苦手が克服できるなど本人自身が知らなかった自分を知ったり,本人にとって新しい世界を広げるなどの意図をもって関わり,働きかけ実践していくことが,たとえ変化の少ない日常であっても,その人にとってはとても重要な時間になるのだと思う。

　風が苦手だから外に出られないという捉え方だけで実践をしていては,Oさんが変化していったとしても,そこに職員として気づきができたかどうかはわからない。外に出たい,やりたいことはあるけれども,風や見通し,人ごみをはじめ集団の苦手さなど本人にとって壁のようなものがあるのではないか,本当は外出したいのではないかと思って取り組んだことは,実践を進めるうえで大切だったと思う。意図のある関わりを続け実践することで,今は大きな変化がなくても,いつかどこかで変わるときに大きな原動力になるのではないだろうか。

(5) Oさんの想いを考える

　Oさんの外出支援の取り組みは,同じ敷地内に生活介護とヘルパーの事業所があったので連携して取り組むことが可能になった。日頃から同じようにOさんを見ていて,ヘルパーと一緒に帰れなくて事業所で待ったり,時には車で近くまで送ったりなど,臨機応変に取り組むことができた成果だと思う。ヘルパーと生活介護で同じ課題に悩んでいたので,それぞれに助け合いながら取り組んだからこそ,外出の変化がお互いのところでみられたのだと思う。

　しかしながら,事業所間の関係が単に近ければよいというわけではない。近すぎると,支援を受けている人は,いつも・どこでも課題に対して同じように言われ疲れてしまい,心穏やかになることがないこともある。他のケースでは,お互いの事業所がその人のことで関わりすぎて,かえって本人の混乱を増大させてしまったこともあった。それは,職員の支援に対して,当事者が過大な要求をされたり,振り回されたりした結果だろう。

　どんな行動でも,たとえ問題行動といわれることでも,本人にとってはやらなくてはいけない理由がある。問題行動は本人にとっては,どうしようもない矛盾であったり,この方法しか表現の仕方がわからない等,支援者が困っている以上に,本人がもっと困っているのだと思う。本人の「できること」と「やること」には大きな違いがある。できることだけを見ていると,どうしてできないのか,できないことがマイナスにみえてしまうことがある。マイナスとしてだけみるのではなく,本人の要求や想いが何なのか,できない理由,やりたい理由,行動の意味を私たちは知っていくことが必要だと思う。

　事業所から帰れなくて困る,どうしようとなるだけでなく,車の鍵をもってきて運転をしてほしいと伝えるOさんの姿から,要求の伝え方,理解している力など,困ってい

ることは何か，しっかり力をつけていることは何かを感じ取れるような職員であり，職員集団であってほしいと思う。

　私が取り組んできたことも，初めは苦手なところばかりに目がいっていたが，できないところだけを見るのではなく，どうしてやれないのかを考えていくことが大切だ。また，できないことは決してマイナス要因だけではなく，様々な矛盾や葛藤，発達などを通して，本人が状況を理解する力をつけてきたからこそ起こることもある。やらないという意思表示も，本人がつけてきた大きな力だ。課題としてだけで捉えるのではなく，その人の成長，発達として捉えていく目も大切だと思う。

おわりに：当事者との関わりのなかでの専門職としての成長

　当事者との関係づくりにおいて，上手くいった方もいれば，上手くいかない方もいる。いろんな当事者の方との出会いや関わりのなかで，私は，当事者の方からたくさんのことを教えられ，成長することができた。Oさんのように，1人の人に対して様々な場面で関わった経験は，大きな私の財産である。そして，そこでの気づきは他の人の実践を考えるなかでも大きな力になっている。

　指示待ちのときのOさん，風が苦手で外出できないOさん……　1人の人に長く関わってきたことで，様々なOさんの姿に出会い，感動したり，嬉しかったり，悩んだりしてきた。障害者の方の支援をする前に，1人の人と関わっていると意識すること。そこには，1人ひとりに合わせた支援があるのだと思う。

　いろんな人との経験のなかで，新しく出会う人にも，自分なりの見立てや，今この人にはどんな実践が必要かということを，自分で組み立てられるようになってきた。そのことにより，より深くひとりの人としてみることができるようになったと思う。

　そして，取り組んできた自分の経験を人に説明できるように理論化し，ともに働いている職員集団のなかで共有できるものをつくっていけるかが，求められる専門性だと思う。自分の取り組んできた経験に対して，障害の理解を深め，発達保障をはじめ様々な文献などを通して学び，自分のもっている障害者観を深め，自分なりの言葉で説明できるように取り組んでいく。自分の経験を深くほりさげ意味づけていくことは，1人ひとりの職員の専門性を高めるうえでも大切だ。1人ひとりのつくってきた理論を職員集団で討議していくなかで，職員集団としての専門性が高まっていくと思う。それは，新たな自分の発見や気づきにもつながっていくだろう。

あとがき

　2016年7月26日未明，相模原市にある障害者施設「やまゆり園」に，元職員だった男が侵入して入所者19人を刺殺し，入所者・職員26人に重軽傷を負わせた事件が起きた。とくに言葉のやりとりが不自由な人をターゲットにした大量殺傷事件について，メディアでは犯人の差別感情や優生思想に焦点をあてた議論がなされている。

　この事件を機に，障害がある人への理解が深まったのであろうか。重い障害のある人に対する社会のまなざしに関わって驚いたのは，事件後ネットの一部では，犯行を支持する意見が少なからずあったことである。また，事件の1年後に共同通信社が知的障害者の家族を対象に行った調査では，68％が「事件後，障害者を取り巻く環境が悪化したと感じた経験がある」と答えている（東京新聞2017年7月27日朝刊）。この事件に対して，対人援助の専門職や研究者は，障害当事者・家族の実情をふまえ，どのような社会的な発信を行うべきか，鋭く問われている。

　本書は，障害のある人の生きる意味をどのように考えるのか，そもそも障害とは何か，さらには障害者問題とは何かを考察し，その解決にあたる障害者福祉政策はどうあるべきか，また，平等思想の発展など障害者福祉の基礎的な理念を検討し，ライフステージをふまえて障害者福祉実践の諸課題を提起する論稿によって成り立っている。その際，いくつかの章では実践報告を提供してもらうなど，障害福祉現場の実践者との協同を意図した構成をとった。

　本書は障害者福祉論の教科書ではあるが，これまでの関連領域の研究の蓄積の上に，相模原大量殺傷事件のような犯罪の再発防止はもとより，共生社会（Inclusive Society）の創造に向けた論理と倫理を追求している。欧米の大学テキストを読むと，その水準の高さに驚かされることがしばしばある。しかし，わが国の大学テキストでは，社会福祉士・精神保健福祉士の国家試験を意識した結果なのか，理論展開が乏しく，概説的な説明にとどまるものが散見される。私たちがめざしたのは，国家試験の出題範囲には留意しつつも，福祉理念や事象，法令などの単なる解説に終わらせず，研究上の論点を取り出し，それ

を理論的実践的に検討しようと試みる点にある。

　本書は，もともと『現代障害者福祉論』（2006年初版，高菅出版）として刊行され，『現代障害者福祉論〔新版〕』（2011年改訂）を経て，今回新たに法律文化社から『新・現代障害者福祉論』として発刊するはこびとなった。上記にあげた目標に近づけたかどうか，読者の評価をまちたいと思う。

　最後になったが，本書の出版にあたって，配慮と励ましをいただいた法律文化社の田靡純子社長をはじめ，編集・校正作業を丁寧に進めてくださったスタッフの皆さまに感謝を申し上げたい。

　　2019年8月

　　　　　　　　　　　　　　　　　　　　　　　　　　　　鈴木　勉

新・現代障害者福祉論

2019年9月30日　初版第1刷発行
2023年9月30日　初版第2刷発行

編著者　鈴木　勉・田中智子
発行者　畑　　光
発行所　株式会社 法律文化社

〒603-8053
京都市北区上賀茂岩ヶ垣内町71
電話 075(791)7131　FAX 075(721)8400
https://www.hou-bun.com/

印刷：中村印刷㈱／製本：㈲坂井製本所
装幀：奥野　章
ISBN 978-4-589-04033-6

Ⓒ2019　T. Suzuki, T. Tanaka Printed in Japan

乱丁など不良本がありましたら、ご連絡下さい。送料小社負担にてお取り替えいたします。
本書についてのご意見・ご感想は、小社ウェブサイト、トップページの「読者カード」にてお開かせ下さい。

JCOPY 〈出版者著作権管理機構　委託出版物〉
本書の無断複写は著作権法上での例外を除き禁じられています。複写される場合は、そのつど事前に、出版者著作権管理機構（電話 03-5244-5088、FAX 03-5244-5089、e-mail: info@jcopy.or.jp）の許諾を得て下さい。

田中智子著
知的障害者家族の貧困
―家族に依存するケア―
A5判・164頁・3960円

家計を切り口に，知的障害者家族の生活―障害・ケア・貧困の構造的関連性―を分析・考察。収支調査や母親12人へのインタビューを通して，社会的にケアの役割を強制されている母親の困難を明らかにする。【2021年度日本社会福祉学会学会奨励賞受賞】

小賀 久著
幸せつむぐ障がい者支援
―デンマークの生活支援に学ぶ―
A5判・180頁・2530円

「自立とは目標でなくプロセス，生き方の自由度の獲得であり，その拡大をいう」(本文より)デンマークにおける障がい者支援の変遷と実際，考え方やしくみを具体的にわかりやすく紹介。支援の本質を究明し，誰もが幸せになるための社会的諸条件を提示する。

横藤田誠著
精神障害と人権
―社会のレジリエンスが試される―
A5判・194頁・2970円

精神障害者がおかれている現況を人権の観点から考察し，その争点となる法的，社会的対応およびその意義と限界を考察する。精神障害者の人権が保障され，他者と共生できる社会像を模索していく過程では，常に社会の「レジリエンス」が試されることも明示する。

埋橋孝文／同志社大学社会福祉教育・研究支援センター編
貧困と生活困窮者支援
―ソーシャルワークの新展開―
A5判・210頁・3300円

相談援助活動の原点を，伴走型支援の提唱者である奥田知志氏の講演「問題解決しない支援」に探り，家計相談事業と学校／保育ソーシャルワークの実践例から方法と課題を明示。領域ごとに研究者が論点・争点をまとめ，理論と実践の好循環をめざす。

松本伊智朗編
「子どもの貧困」を問いなおす
―家族・ジェンダーの視点から―
A5判・274頁・3630円

子どもの貧困を生みだす構造のなかに家族という仕組みを位置づけ，歴史的に女性が負ってきた社会的不利を考察，論究。「政策」「生活の特徴と貧困の把握」「ジェンダー化された貧困のかたち」の3部12論考による貧困再発見の書。

河合克義・清水正美・中野いずみ・平岡 毅編
高齢者の生活困難と養護老人ホーム
―尊厳と人権を守るために―
A5判・208頁・2750円

低所得で複雑な生活困難を抱える高齢者が増えるなかで，養護老人ホームの役割は大きくなっている。研究者，施設・自治体職員が現代のホームの実像をリアルかつ立体的に描きだし，高齢者福祉のあり方を問う。

―――法律文化社―――

表示価格は消費税10％を含んだ価格です